「非正規4割」時代の不安定就業

――格差・貧困問題の根底にあるもの――

川村 雅則【編著】
Masanori Kawamura

学習の友社

【目次】

第Ⅰ部　〈総論〉

非正規労働問題を考える
——ディーセントワーク実現のために

川村雅則　6

はじめに——失われた 30 年と非正規雇用　6

第1節　非正規雇用の何が問題か——雇用と賃金を中心に　10

　4 割弱を占める非正規雇用　10

　有期雇用の濫用問題　14

　低く不公正な賃金、社会保障制度面の不利　16

　女性にかたよる非正規雇用、格差・貧困問題　20

　雇用の非正規化と非正規雇用の変化　21

第2節　非正規雇用はなぜ増えてきたか——財界と政府の選択　23

　グローバル競争下で雇用に対する財界・企業の考えはどう変わったか　23

　新自由主義改革・構造改革と雇用——労働分野の規制を中心に　25

　労働組合の規制力の衰退と非正規雇用　31

　各産業にみる非正規問題　34

第3節　問題はどうすれば解決できるか——労働組合規制と
　　　　労働法規制の強化　43

　非正規雇用者の組織化に関する留意点　44

　労働組合に期待される取り組み　46

おわりに　53

第Ⅱ部 〈現場からの報告〉

国の機関を支える不安定就業労働者

国公労連書記次長　笠松鉄兵……56

自治体に広がる不安定な働き方

自治労連中央執行委員　嶋林弘一……65

製造現場における非正規社員の雇用を守るたたかい

ソニー労働組合中央執行委員長・仙台支部執行委員長　松田隆明……74

放送産業における不安定な働き方

放送スタッフユニオン書記長　岩崎貞明……83

夢と感動をあたえるテーマパークを支える不安定な働き方

なのはなユニオン・オリエンタルランドユニオン　横田みつき……92

研究者に広がる不安定な働き方

日本科学者会議東京支部常任幹事　衣川清子……101

外国人労働者の不安定・劣悪な働き方

首都圏移住労働者ユニオン書記長　本多ミヨ子……110

劣悪で不安定な条件で働く高齢労働者の実態

建交労東京都本部事業団・高齢者部会長　赤羽目寛……119

日雇労働者の労働・生活と社会保障の課題—釜ヶ崎から—

西成労働福祉センター労働組合　海老一郎……128

西陣で下請けとして働く賃織労働者の実態

商栄企業組合　佐伯重雄……137

「名ばかり個人事業主」としてエステ・化粧品販売を担う女性たち

元エステティシャン　高橋 かめ……146

シフト制労働の経済機能とそのイデオロギー

首都圏青年ユニオン副委員長　栗原耕平……155

第Ⅰ部

〈総論〉

非正規労働問題を考える

──ディーセントワーク実現のために──

川村雅則

はじめに──失われた 30 年と非正規雇用

失われた 30 年

　「この 30 年間、日本経済はコストカット最優先の対応を続けてきました。人への投資や賃金、さらには未来への設備投資・研究開発投資までもが、コストカットの対象とされ、この結果、消費と投資が停滞し、更なる悪循環を招く。低物価・低賃金・低成長に象徴される『コストカット型経済』とも呼び得る状況でした。」

　以上は、2023 年 10 月 23 日、第 212 回国会における岸田文雄首相による所信表明演説の一部です。

　まさに日本は、人への投資や賃金がコストカットの対象とされ、先進国のなかで経済成長も賃上げも実現しない国であり続けています。賃金がカットされ消費購買力が削られれば、経済の成長がのぞめないのは自明の理でありますが、個別の企業にしてみれば合理的な選択肢でもありますから、近視眼的な対応が続けられてきたと言えるでしょう。コストカットの問題が集中的にあらわれたのが、非正規雇用の分野でした。

　しかし、コストカットも非正規の拡大も自然現象ではありません。財界（経済界）による選択とそれを後押しした政治のありようを問うことが必要です。いみじくも岸田首相が「新しい資本主義」の実現のくだりでふれ

6

た、新自由主義的な考えに基づく政治——本稿では、新自由主義政治、新自由主義改革・構造改革などと呼びます——の変革が必要です。岸田首相の発言から該当部分を抜き出すと、以下のとおりです。

　「1980年代以降、世界の主流となった、市場や競争に任せれば、全てがうまくいく、という新自由主義的な考えは、世界経済の成長の原動力となった反面、多くの弊害も生みました。／市場に依存し過ぎたことで、格差や貧困が拡大し、また、自然に負荷をかけ過ぎたことで、気候変動問題が深刻化しました。／これ以上問題を放置することはできない。米国の『ビルド・バック・ベター』、欧州の『次世代EU』など、世界では、弊害を是正しながら、更に力強く成長するための、新たな資本主義モデルの模索が始まっています。／我が国としても、成長も、分配も実現する『新しい資本主義』を具体化します。世界、そして時代が直面する挑戦を先導していきます」（2021年12月6日、第207回国会における所信表明演説より）。

　もっとも、総裁選で公約に掲げられていた金融所得課税の見直しが早々に撤回されたように、新自由主義政治の見直しが岸田首相の下で果たして進められるかは不透明です。そもそも、新自由主義政治は「世界経済の成長の原動力となった」と評価しうるものなのか。そこから検証されなければなりません。

本書の目的
　本書は、非正規雇用問題を解消し、国際労働機関であるILOが提唱する「ディーセントワーク（日本語訳では、働きがいのある人間らしい仕事）」の実現に向けた取り組みに役立つことを目的に編まれました。非正規雇用問題の解決に日々取り組まれている労働組合や関係者の皆さんのほか、学生の皆さんにも読んでもらい、非正規雇用問題の実態や労働組合の取り組みがひろく知られることを願っています。

本書のメインは、非正規雇用者がじつに様ざまな産業、領域に存在することと、そこでどのような問題が生じているか、そして、労働組合はどんな取り組みを展開しているか、が取りまとめられた第Ⅱ部です。

　それに先立つ第Ⅰ部では、（1）非正規雇用がどのような特徴・問題点をもつ雇用であるのかを確認した上で、（2）非正規雇用拡大の背景を整理します。雇用に対する財界の考えの変化とそれに呼応した政治を取り上げます。（3）その上で、問題の克服の方法を考えていきます[1]。もとより、限られたスペースですから、詳細は、適宜紹介する文献などを参考にしてください[2]。第Ⅰ部を飛ばして第Ⅱ部の関心ある箇所から読んでいただいても構いません。

＊ディーセントワーク　1999 年の ILO 総会に提出された当時の事務局長の報告で初めて用いられました。まっとうな、適切なという意味を冠したこの言葉は、「働きがいのある人間らしい仕事」と日本では訳されています。仕事があることがまずは重要ですが、その仕事は、「権利、社会保障、社会対話が確保されていて、自由と平等が保障され、働く人びとの生活が安定する、すなわち、人間としての尊厳を保てる生産的な仕事」（ILO 駐日事務所）であることが必要です。仕事があればなんでもよいというわけではありません。また、ディーセントワーク実現にあたっては、仕事の創出、社会的保護の拡充、社会対話の推進、仕事における権利の保障といった四つの戦略目標が掲げられた上で、ジェンダー平等という課題がこれらの目標に横断的に組み込まれています。いずれも、日本においては欠かせない視点です。

---

[1]　『キャリアに活かす雇用関係論』世界思想社、2024 年に収録された拙稿「非正規雇用」や『生まれ、育つ基盤』明石書店、2019 年に収録された拙稿「生活の基盤は安定しているか（1）」との重複があることをはじめにお断りしておきます。また、筆者も参加した座談会「子どもと日本社会のあり方を問う——「こども未来戦略」の検討」『経済』第 338 号（2023 年 11 月号）pp.15 －40 もご参照ください。

[2]　非正規雇用問題の総論は、伍賀一道氏（金沢大学名誉教授）や福祉国家構想研究会による著作を参考にしてください。伍賀一道『「非正規大国」日本の雇用と労働』新日本出版社、2014 年のほか、伍賀一道「日本型雇用解体過程の非正規雇用・半失業——21 世紀日本の就業の特徴」『季刊経済理論』第 59 巻第 3 号（2022 年 10 月号）pp.18－31 をあげておきます。

本書を読むにあたっての留意事項

　第一に、本書は非正規雇用問題を扱いますが、正規雇用が直面する問題を無視するものではありません。

　というのも、一つには、昇給がない、一時金・退職金がないなど、名称こそ正規雇用であっても、賃金・処遇は非正規雇用に近い労働者群が存在するからです。いわゆる周辺的正社員、名ばかり正社員と呼ばれる問題です。若年層の領域などでは、正規雇用と非正規雇用とは明瞭に区分できるものでは必ずしもありません。

　もう一つには、正規雇用（にみられる長時間・過重労働）問題と非正規雇用（にみられる不安定雇用・低賃金）問題とは地続きであるからです。

　図式化して言えば、残業や休日出勤もいとわぬ働き方を余儀なくされる正規雇用を選択することは、とりわけ家事・育児の担い手であることが期待されている女性にとっては容易ではなく、非正規雇用に誘導されていくことになります。もっとも、非正規の「選択」は不安定な雇用と低賃金の選択を意味しますから、家族を養うことのできる賃金（家族賃金）の稼得を期待される男性はそこへの転落を免れるため、過重労働も引き受けることになりがちです。こうした意味で両者はつながっている。「相互補強」の関係にある、と指摘されています。

　第二に、言葉の問題と本書が扱う問題の範囲です。（1）公務員の場合には労使対等の雇用関係ではなく、任命権者の意思が優先される公法上の「任用関係」とみなされています。（2）フリーランスなど労働法の適用を受けない労働者群が増加しています（非雇用化の問題）。本書の中心は、（1）を含む非正規雇用問題ですが、（2）も含めた非正規労働問題全体を視野に入れています。

　第三に、紙幅の都合で割愛した図表もあります。筆者が共同で管理・運営するサイト「北海道労働情報NAVI（https://roudou-navi.org/）」に掲載をします。ご活用ください。

本文中で示した政府統計の略記
・総務省「労働力調査（基本集計、詳細集計）」=「労調（基本、詳細）」 ※とくにことわりのない限り、値は2023年平均
・総務省「就業構造基本調査」=「就調」 ※同、値は2022年
・厚生労働省「賃金構造基本統計調査」=「賃構」 ※同、値は2023年
・厚生労働省「就業形態の多様化に関する総合実態調査（事業所調査、個人調査）」=「多様化調査（事業所、個人）」 ※同、値は2019年

第1節　非正規雇用の何が問題か
——雇用と賃金を中心に

　コロナは非正規雇用の就労機会を大きく減らしたほか、彼らの休業時の所得保障や権利保障のなさを明らかにしました。経済的なダメージを受けたその多くが女性であったことから今回の不況は「女性不況」とも言われました。非正規雇用の何が問題か、政府統計も使いながら確認していきましょう。

4割弱を占める非正規雇用

　「労調（基本・第Ⅰ-1表）」によれば（図表1）、労働力人口6925万人のうち、非正規雇用者は2000万人を超えて、役員を除く雇用者に占める割合は37.0％です。女性に限定すれば、その数は1441万人で、割合は5割を超えます（53.2％）。「労調」の年平均で非正規雇用者が2000万人を超えたのは2016年のことです。

　非正規雇用者のなかでの最大勢力は「パート」と呼ばれる人たちで、その数は1030万人に及びます。その他は順に、「アルバイト」459万人、「契約社員」283万人、「嘱託」111万人、「労働者派遣事業所の派遣社員（以下、

非正規労働問題を考える

図表1　就業状態・従業上の地位・雇用形態別にみた15歳以上人口

単位：万人

	男女計	男	女
15歳以上人口	11,017	5,321	5,696
労働力人口	6,925	3,801	3,124
就業者	6,747	3,696	3,051
自営業主・家族従業者	639	395	244
雇用者	6,076	3,282	2,793
役員	337	253	84
役員を除く雇用者	5,739	3,029	2,709
正規の職員・従業員	3,615	2,346	1,268
非正規の職員・従業員	2,124	683	1,441
パート・アルバイト	1,489	354	1,134
パート	1,030	129	901
アルバイト	459	226	233
労働者派遣事業所の派遣社員	156	61	95
契約社員	283	152	131
嘱託	111	73	39
その他	85	43	42

出所：総務省「労働力調査（基本・第Ⅰ-1表、2023年平均）」より作成。

派遣労働者）」156万人、「その他」85万人となっています。

　40年ほど前には（**図表2**）、男性の非正規雇用者は195万人（7.7%）、女性のそれは408万人（29.0%）でしたが、1990年代半ばから雇用に変化が起きます。5年に1度行われる「就調」という大規模調査でも、男性の雇用は、1992→97年では正規雇用も非正規雇用も増加しているのに対して、97→02年には、正規雇用が大きく減少。その後、02→07年でも07→12年でも正規雇用が減少しています（非正規雇用はどの期間でも増加）。

　さて、非正規雇用者と聞いてどのような人を想像するでしょうか。家事・育児をしながらパートで働く女性・被扶養者のAさん。／正規雇用での就職を望んでいたものの思うような仕事が見つからずに契約社員で働

図表2 男女別にみた非正規雇用者数、非正規雇用者割合及び正規雇用者数の推移

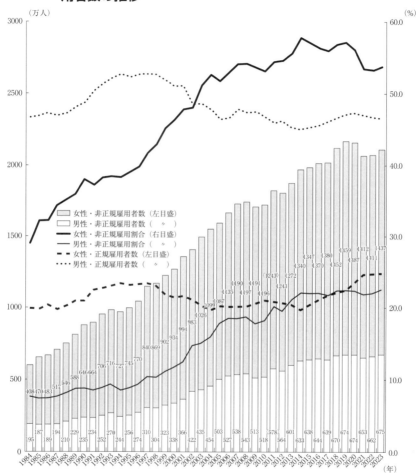

出所：総務省「労働力調査（詳細・長期時系列表9）」より作成。

く若年のBさん。／勤め先の業績不振を機に思い切って自営（フリーラン
ス）での仕事を始めた中高年のCさん。／年金だけでは暮らしていくこと
が困難なため65歳を過ぎてもアルバイトでなお仕事を継続している高齢
のDさん、などでしょうか。

　家事・育児のためという理由を含めて、たしかに、Aさんのような女
性の「パート」は多数です。40歳代前半から60歳代前半まで、5歳刻み
でみても、それぞれ100万人を超えています。

　人手不足の時代とはいえ、安定した雇用で初職を始められないBさん
のようなケースは少なくありません。例えば、「労調（詳細・第Ⅰ-1表）」
によれば、「正規の職員・従業員の仕事がないから」を非正規雇用で働く
理由にあげた非在学者は、「15～24歳」では10万人、「25～29歳」で
15万人、「30～34歳」で14万人です。あるいは、文部科学省「学校基本
調査」によれば、2023年3月に大学を卒業した59.0万人のうち7.4万人
（12.6％）が「有期雇用労働者」「臨時労働者」「左記以外の者（無業者）」
のいずれかに該当します。高校を卒業した者では、96.2万人のうち4.7万
人（4.9％）がこれらに該当します。

　Cさんのようなフリーランスと呼ばれる人はどのくらいいるのでしょう
か。基幹統計（「2022年就調」）ではじめて把握されるに至ったその人数は
257万4000人とのことでした。定義は、「実店舗がなく、雇人もいない自
営業主又は一人社長であって、その仕事で収入を得る者（但し、産業・職
業分類が農林漁業の者などは除く）」です。なお、「本業がフリーランス」の
者が209.4万人（うち「本業のみ」が202.9万人）で、「副業のみ」が48.0万
人とのことです。

　Dさんのように、働く高齢者が増大しています（「労調（基本・長期時系
列表）」）。まず、2023年の労働力人口6925万人のうち930万人が65歳以
上です。他の年齢層に比べると、定年のない「自営業主」も多いのです
が、非正規雇用者が417万人で、役員を除く雇用者543万人のうちの4分
の3（76.8％）を占めます。

13

以上のように、非正規労働者・非正規雇用者と一口に言っても、その労働者の属性・意識や置かれた状況などは様ざまであることをまず確認しておきます（「労調」での非正規雇用の分類には、勤め先の呼称が使われています）。

　その上で、非正規雇用とはどのような雇用でしょうか。日本の正規雇用の特徴として、終身雇用（長期の安定雇用）、年功賃金ということが言われてきました。これらは、大企業や公務職場でみられた慣行であって、廃業・倒産が珍しくなかった中小企業労働者には終身雇用など望むべくもなかったこと、なおかつ、こうした慣行から女性は排除されていたことなどを事実として認識する必要がありますが、一方で、日本社会で共有されてきた規範でもありました。

　非正規雇用は、正規に非ずですから、こうした規範から外されてきた雇用とさしあたりは言えるでしょう。非正規雇用を企業が活用する理由として企業側があげている、雇用量の調整の容易さと低コストという二点を政府統計でみていきましょう。

有期雇用の濫用問題

　正規と非正規を分かつ第一の軸は、契約期間に定めのない無期雇用か、半年や1年など契約期間に定めのある有期雇用かです。

　非正規雇用の多くは有期雇用で雇われています（但し第3節で述べるとおり、有期雇用の濫用を解消するために2012年に改定された労働契約法では無期雇用転換制度が設けられており、そのことも反映されています）。男女計の数値でみると、非正規雇用のうち有期雇用（「有期の契約」）が1143万人で全体に占める割合は53.8％です。ちなみに「雇用契約期間の定めがあるかわからない」も334万人、15.7％を占めます（「労調（基本・第Ⅱ-7表）」）。また、有期の契約の内訳をみると、最も多いのは「6か月超1年以下」（437万人）ですが、6か月以下も合計で244万人に達します。

　もっとも、有期雇用だからといっても、多くは、仕事自体がなくなるわけではありませんから、雇用契約は、契約期間が終了すると同時に更新が

非正規労働問題を考える

行われることになります。

　雇う側からすれば、有期雇用で雇い続けることは雇用のリスク回避になります。実態はともかく制度面で言えば、正規雇用者の場合、法制度・判例で解雇権の濫用から保護されるのに対して、非正規雇用者であれば、使用者は、事実上の解雇を「雇い止め」という方法で容易に行うことが可能になるわけですから。必要なものを必要なときに必要な量だけ供給・調達し在庫をもたない効率的なジャスト・イン・タイム生産システムが、雇用にまで拡大してきた結果でもあります。しかしこうして、合理的な理由がないのに有期雇用の反復更新を続けるのは有期雇用の濫用と言えるでしょう。

　なお、正規雇用者でありながら1割弱（299万人）はみずからを「有期の契約」と回答しています。「雇用契約期間の定めがあるかわからない」も含めると12.6%（455万人）です。若年層「15〜24歳」でその割合は高く（16.2%）、周辺的正社員の存在が示唆されます。あわせて、定年・再雇用という事情も反映してか、60歳以上の正規雇用者ではこれらの割合がさらに高く、およそ3分の1を占めていることに言及しておきます。

○間接雇用の拡大

　関連して、間接雇用の非正規雇用者が増えています。労働者は、一般的には雇われた企業で働くことになりますが（直接雇用）、間接雇用の場合には、雇われる企業と働く先（企業）とが異なることになります。派遣労働者や、請負会社に雇われて働く労働者がそれに該当します。

　派遣雇用の場合には、労働者に対する指揮命令権を派遣先（ユーザー企業）がもつのに対して、請負労働者の場合には、労働者を雇っている請負会社が雇用関係と指揮命令関係をもつことになるという点が異なります。もっとも、労働の現場では両者は明瞭に区別されているわけではなく、請負なのに就労先の従業員から指揮命令を受けて「偽装請負」として問題になってきたのは周知のとおりです。

15

派遣と請負のいずれも、事業を遂行する上で労働者をわざわざ雇う必要がないという点にユーザー企業のメリットがあります。同じ非正規雇用を使うのでも、パート・アルバイトや契約社員などとはその点が異なります。

　間接雇用、とくに請負についてはその人数規模の把握は容易ではありません。ここでは、派遣雇用の規模や派遣事業の伸びを確認しておきます。

　厚生労働省によって、毎年6月1日現在の労働者派遣事業の運営情況が調べられています。当該データによれば、2023年6月1日現在の派遣労働者数は192.4万人で、そのうち無期雇用の者が79.1万人、有期雇用の者が113.3万人となっています。製造業務に従事した者が42.8万人（無期16.6万人、有期26.2万人）のほか、情報処理・通信技術者が18.3万人（15.6万人、2.6万人）となっています。

　厚生労働省の別のデータ（「労働者派遣事業報告書」）によれば、派遣事業の年間売上高は、2022年度で8兆7646億円で、5年前（2017年度の6兆1774億円）のおよそ1.4倍にまで増加しています。

　繰り返しになりますが、同じ非正規雇用者を使うのでも、派遣など間接雇用の場合には、企業（ユーザー企業）のメリットは、雇用主責任を回避できる点にあります。人数規模に比べて大きく注目を集めるのは、従来の雇用の原則を大きく逸脱して労働市場にマイナスの影響を与えてもいるためでしょう。派遣雇用の誕生の歴史については、規制緩和政策との関係で後ほどみることにします。

低く不公正な賃金、社会保障制度面の不利

○働く貧困層の拡大

　日本は失業率が低い国でありながら、貧困率が高い国です。ここでいう貧困率とは、絶対的な水準に達していない貧困（絶対的貧困）に対して、当該地域の生活水準が反映される相対的貧困と呼ばれるものの割合で、等価可処分所得（世帯の可処分所得を世帯人員の平方根で割って調整した所得）の中央値の半分に満たない世帯員の割合という計算式によって求めら

非正規労働問題を考える

れます。OECD によれば、日本は、先進諸国のなかで、この割合がアメリカに次いで第 2 位の高さです。2021 年の貧困ライン（新基準）は 127 万円で、貧困率は 15.4%、およそ 7 人に 1 人の割合となります（厚生労働省「2022 年国民生活基礎調査」）[3]。

　失業率が低いのに貧困率が高いというのは、働いているなかで貧困層が多いということを意味します。字義どおりワーキングプア（働く貧困層）です。

　貧困の解消のためには、税や社会保障による所得再分配政策はもちろん必要ですが、まずは、そもそもの賃金を上げることが必要です。ここでは、非正規雇用者の賃金・収入の現状を、いくつかの統計で確認してみましょう。

　（1）短時間労働者を除く「一般労働者」に対象を限定し、男性の正規雇用者と女性の非正規雇用者の「所定内給与額」を比較すると（「賃構」）、前者の 100 に対して後者は 56.0 です。ちなみに同じ正規雇用者同士で比較しても、男性が 100 に対して女性は 77.5 です。

　（2）「就調」で年収（ふだんのおもな仕事から得られる年間の収入）をみてみると、非正規雇用者とりわけ女性の非正規雇用者では 200 万円未満が多数です。女性の非正規雇用者 1446.8 万人のうち 40.0% が年収 100 万円未満、77.3%（1118.8 万人）が 200 万円未満におさまります。男性では、非正規雇用者 664.2 万人のうち 100 万円未満が 28.9%、200 万円未満が 56.1%（372.9 万人）です。

　なお、国税局の「民間給与実態統計調査」によれば、1 年を通じて勤務した給与所得者に限っても、年収が 200 万円以下の者は、2006 年から 2022 年まで 17 年連続で 1000 万人を超えています（新たな推計手法では、男性で 280.0 万人、女性で 761.8 万人）。

---

[3]　貧困率の詳細分析などは、阿部彩氏（東京都立大学教授）の貧困統計ホームページが参考になります。https://www.hinkonstat.net/

（3）基本給が低いだけではなく、昇給制度、諸手当や一時金、そして、退職金でも正規と非正規との間には格差があります。例えば、老後の生活を支える「退職金制度」があるのは、正規雇用者の77.7％に対して、非正規雇用者はわずか13.4％です（「多様化調査（個人）」）。その差を私たちはどう考えたらよいのでしょうか。退職金の性格が賃金の後払いにせよ功労報償にせよ老後の生活保障にせよ、非正規雇用者で制度があるのはわずか1割強であるのはなぜなのか。言い換えれば、正規雇用者と非正規雇用者の賃金の決定基準の差異はいかなるものかが問われています。

　低賃金の就労は、将来受け取る年金にも影響を与えますから、問題は現役時に限るものではありません。とりわけ単身の高齢女性の貧困が深刻化していることは周知のとおりです。

　なお、働く貧困層が多いということは、安心して失業ができないことを意味します。安心して失業できる、というのは違和を感じる表現かもしれませんが、失業時の所得保障があれば、きちんと考えて次の仕事を探したり選んだりすることができます。よりよい条件を求めて技術や資格の取得に時間を使うこともできます。その条件がなければ、吟味もできず、ひどい条件でも職に就くことになりかねません。労働力の窮迫的な販売です。ひどい条件の企業でも淘汰されぬことになりますから、労働市場の質を低下させて、現役労働者にとってもマイナスの影響が及ぶことになるでしょう。失業者数と雇用保険基本手当受給者実人員から算出される雇用保険のカバー率は、近年は20％台にとどまります。

○機能してこなかった最低賃金制度
　働いていながらまともな生活ができないのは、最低賃金制度の機能不全を意味します。日本の最低賃金は諸外国に比べてもその低さが指摘されてきました。かつては、生活保護水準よりも最低賃金水準が低いという逆転現象さえみられるほどで、2008年7月1日施行の改定最低賃金法で、生活保護水準との整合性に配慮することがうたわれたものの、実際に逆転現

非正規労働問題を考える

象が都道府県のすべてで解消されたのは、2014年のことでした（もっとも、生活保護費の金額そのものが低く抑えられていること自体も問題視される必要があります）。

近年、最低賃金引き上げのテンポが早まり、全国平均で1000円に達したことが報じられていますが、これはそもそも加重平均値であって、2024年4月現在、1000円を上回るのは8都府県しかなく、800円台が12県（青森、岩手、秋田、徳島、愛媛、高知、長崎、熊本、大分、宮崎、鹿児島、沖縄）も残されています（厚生労働省ウェブサイト）。

そもそも1000円という水準は、完全週休2日制で祝日などはないフルタイム勤務（月の労働時間は173.8時間）という仮定で計算をしても、年収200万円にようやく達する水準です。

・時給1000円で、月17万3800円、年208万5600円
・時給1250円で、月21万7250円、年260万7000円
・時給1500円で、月26万0700円、年312万8400円

最賃でこのような低い金額が設定される制度上の理由としては、労働者の生計費が適正に計算されていないこと、事業者の賃金支払い能力が強調され、金額が抑制されることがあげられています。

なお、加えて、最低賃金が審議される最低賃金審議会（中央、地方）で、金額が実際に決定される専門部会での審議が非公開であるという点は、自分たちに関わることを自分たちで決める前提（正しい情報の取得）が成立していない問題として指摘しておきます。

〇雇用保険や社会保険（被用者保険）からの排除

非正規雇用のコストの安さは、賃金面だけではありません。雇用保険や社会保険の面でも非正規雇用は安く活用されています。

適用範囲が拡大されてきたとはいえ、加入は、「雇用保険」でなお

19

71.2％、「健康保険」や「厚生年金」は6割前後にとどまります（62.7％、58.1％）。パートタイム労働者に限定するとそれぞれ、64.0％、48.7％、43.1％と、後二者では5割を切っています（「多様化調査（個人）」）。

　もちろん、被用者保険（「健康保険」「厚生年金」）に加入していなくても、国民健康保険や国民年金に加入したり夫や親の被扶養者になったりすることは可能です。国民年金の加入状況について「2022年国民生活基礎調査（世帯票、第66表）」で確認してみましょう。

　非正規雇用者20〜59歳までのうち国民年金に加入しているのが97.4％で、第1号被保険者が20.8％、被用者年金への加入を意味する第2号被保険者が47.5％、そして、第2号の配偶者であり被扶養者である第3号被保険者が29.1％になっています。

　特徴的なのは、これを男女別にみたときに、そもそも第3号被保険者に加入しているのはほぼ100％（99.4％）が女性であるということです。第3号被保険者制度は、年収を低く抑えることでみずからの保険料負担を回避できる、いわゆる「年収の壁」問題にも関わる制度です。第3号被保険者制度は、女性の就労を抑制するかたちで機能しているといえるでしょう。さらに、第2号の加入の条件を満たさない同じ非正規雇用者でも、未婚・離婚の者は、第1号被保険者として保険料の負担をしなければならない──しかも、月額1万6980円（2024年度）の負担は低所得者層には重く、支払いは困難である──という不公正が指摘されています。

　なお、第1号被保険者に関連して、国民年金は40年間納めて満額受給できても、令和5（2023）年度の年金額の例（67歳以下の場合）で月額6万6250円という低水準にとどまります（「日本年金機構」サイト）。高齢期の貧困、高い就労の背景には年金制度の貧困という問題があります。

女性にかたよる非正規雇用、格差・貧困問題
　さて、すでにふれてもいますが、以上にみてきた非正規雇用問題は女性にかたよって発生しています。雇われ方や働き方には明確な男女差が存在

するといってよいでしょう。男女の格差の国際比較調査が毎年報じられるようになり、日本の低い位置、とりわけ政治と経済分野における男女の格差は、よく知られるところとなりました。

　それは、日本の生活保障モデルのありかたと強い関係があります[4]。世帯を生活保障の単位とし、女性（妻）の生活は、男性（夫）による扶養を前提にしてきました。家族賃金の稼得が期待される夫が企業に守られ、妻が家族（夫）に守られる限りにおいて、それは大きな社会問題になってきませんでした。そもそも日本型福祉社会論として政権・与党に提唱、推進されてきた結果でもあります。低い最低賃金制度が放置されてきたことも、ジェンダー差別を内包した社会保障制度の設計も、こうした事情を背景としていました。

　働き方にも以上の考えはあらわれています。家事・育児の担い手であることが期待される女性の場合、恒常的な残業付のフルタイム労働は困難であることをもって、非正規が「選択」される傾向にあります。女性の半数は非正規雇用ですが、「労調（基本・第 II-8 表）」によれば、その 36.1％が週 20 時間未満、61.1％が週 30 時間未満の労働時間となっています（男性の非正規雇用者では、それぞれ、25.8％、42.2％）。

　短時間雇用の創出や労働者側の「選択」はまた、先にみた社会保険の制度設計（保険負担の回避）によっても後押しをされてきました。

雇用の非正規化と非正規雇用の変化

　一方で、雇用の非正規化が進むなかで、非正規雇用の基幹労働力化、専門職化が進み、家計自立型の非正規が増大しています。

　例えば第一に、長期で、基幹的な業務に従事する労働者が増えています。時間数でみてもフルタイム型の非正規雇用者が増えています。「労

---

[4]　大沢真理氏（東京大学名誉教授）の『現代日本の生活保障システム』岩波書店、2007 年、竹信三恵子氏〔ジャーナリスト〕の『女性不況サバイバル』岩波書店、2023 年などを参照。

調」によれば、女性でも派遣労働者や契約社員の6割超は週35時間以上です。そもそも、形容矛盾ですが、呼称「パート」のなかにもフルタイム型の雇用がみられ、2割は週35時間以上です。

第二に、専門的な仕事に従事しているかの判定は難しいですが、例えば、正規雇用者と比較した職務タイプについて、有期契約労働者を対象に調べた結果によれば、最多は「軽易職務型（正社員よりも軽易な職務に従事）」の42.8%であるもの、「正社員同様職務型（正社員と同様の職務に従事）」が36.6%（男性に限ると49.6%）、「別職務・同水準型（正社員とは別の職務であるが、高度でも軽易でもない職務に従事）」が11.4%（さらには「事業所に正社員がいない」が4.0%）を占める、という調査結果があります（厚生労働省「2021年有期労働契約に関する実態調査（個人調査）」）。

第三に、その収入で生計を立てなければならない家計自立型の非正規雇用者が増えています。男性の場合にはほとんど（88.3%）が「自分自身の収入」をおもな収入源と回答しているのに対して、女性の場合、たしかに、その割合は3人に1人（31.1%）にまで減ります。しかし、逆に言えば、3人に1人は（先ほどみた低い）「自分自身の収入」がおもな収入源なのです。また同じ非正規雇用者のなかでも、被扶養者が多い「パート」ではその割合は4人に1人にまで下がりますが——それでも4人に1人は「自分自身」と回答しているのですが——契約社員や派遣労働者では4割超にまで増大します（以上は、「多様化調査（個人）」）。

なお、同調査では、複数の収入源がある場合、最も多い一つを回答者に選択させていますが、有配偶の女性の場合でも、その収入が家計に占めるウェイト（分担のウェイト）が高まっていることは、コロナ禍の女性・非正規雇用者の減収が家計に大きなダメージを与えた事実からも明らかです。

非正規労働問題を考える

第2節　非正規雇用はなぜ増えてきたか
──財界と政府の選択

　大企業や公務職場を中心にみられ、一定の規範として社会的に共有され
てきた終身雇用、年功賃金という慣行も、これを維持したままでは厳しい
グローバル競争を勝ち抜くことができない、企業の使命は株価を最大にす
ることなのだから見直されるべきだ、といった主張が財界内で強くなるな
かで、激論の末、日本型経営は転換の道を歩んでいくことになりました
（「〔変転経済〕さらば日本型経営　94年2月、「舞浜会議」で始まった」『朝日新
聞』朝刊2007年5月19日付）。その象徴としてよく取り上げられるのが
1995年に発行された、日本経営者団体連盟（日経連、2002年に経済団体連
合会と統合し、現在の日本経済団体連合会〔日本経団連〕となる）による『新
時代の「日本的経営」』です。

グローバル競争下で雇用に対する財界・企業の考えはどう変わったか

　同書では、低成長への移行、労働力不足から労働力の過剰へ、円高によ
る産業・雇用の空洞化、国際化の一層の進展、規制緩和・市場開放への要
請などが列挙され、経営環境が大きく変化していることがまず指摘されま
す。そのなかで、長期継続雇用というこれまでのわが国の雇用慣行に対
し、企業の活力や従業員の能力発揮の面でデメリットが生じているのでは
ないか、という疑問が示されます。そして、人間中心（尊重）の経営、長
期的視野に立った経営、という視点は今後も重視されることが強調された
上で、とはいえ、今後は、従業員を一元的に管理するのではなく複数のグ
ループに分けて管理する方針が打ち出されました。

　図表3のとおり、企業側としても長く働いて欲しい労働者群（図表3で
いうと「長期蓄積能力活用型グループ」）はしぼりこんで、その対極とし

23

図表３　企業・従業員の雇用・勤続に対する関係（上）とグループ別にみた処遇のおもな内容（下）

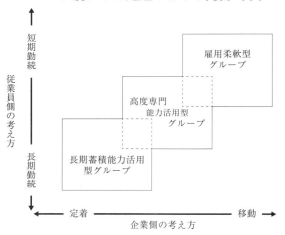

注１：雇用形態の典型的な分類。
注２：各グループ間の移動は可。

	雇用形態	対象	賃金	賞与	退職金・年金	昇進・昇格	福祉施策
長期蓄積能力活用型グループ	期間の定めのない雇用契約	管理職・総合職・技能部門の基幹職	月給制か年俸制、職能給、昇給制度	定率＋業績スライド	ポイント制	役職昇進、職能資格、昇格	生涯総合施策
高度専門能力活用型グループ	有期雇用契約	専門部門（企画、営業、研究開発等）	年俸制、業績給、昇給なし	成果配分	なし	業績評価	生活援護施策
雇用柔軟型グループ	有期雇用契約	一般職、技能部門、販売部門	時間給制、職務給、昇給なし	定率	なし	上位職務への転換	生活援護施策

出所：日経連『新時代の「日本的経営」』p.32 より。

て、自社で雇わずに柔軟に雇用調整が可能な労働者群（同、「雇用柔軟型グループ」）を増やしていく——複数のグループに分けた雇用・労務管理が打ち出されてきたわけです。後者では、雇用は、期間に定めのある有期雇用契約で、賃金は時給制で昇給も退職金の支給も想定されていません。自社雇用に限らず、今日につながる派遣会社や請負会社からの受け入れが想起されます。

　雇用とあわせて年功賃金の見直しも提起されました。年功制とは、職務遂行能力と個人査定で労働者を不断の競争に駆り立てながらそれに報いる「年と功」による賃金であったとはいえ、ともすれば、年齢や勤続による評価に傾斜しがちであることから、業績や成果主義的要素を強化することや、総額人件費の管理の徹底などが提起されています。

　かつても、臨時工・期間工という非正規雇用問題が存在したことや、何よりも、女性は上記のような慣行から排除されてきたとはいえ、雇用や賃金に関する理念・原理の変更が同書で打ち出されたインパクトは大きかったようで、オーラルヒストリーやインタビュー記事などによれば、当時作成に関わった関係者の想定をこえて、企業における雇用戦略の転換、雇用の非正規化が進みました。

　その結果、かつてみられた、企業収益の改善に伴い雇用や賃金が増加するという関係・好循環が崩れ、景気と雇用・賃金が連動しない構造がつくられていきます（厚生労働省『2012年版労働経済白書』）。労使間の分配率の変化、手厚い株主への配当、そして、企業には内部留保が積み上がる——今日私たちが目の当たりにしている状況ではないでしょうか[5]。

新自由主義改革・構造改革と雇用——労働分野の規制を中心に

　さて、問題は、財界・企業によるこうした雇用戦略の転換だけではあり

---

[5] 日本の雇用の質的変化については、後藤道夫氏（都留文科大学名誉教授）による統計分析・著作を参照。

ません。冒頭に述べたとおり、その意向にあわせて条件整備を進めてきた新自由主義政治を問う必要があります[6]。

　新自由主義とは、一般的には、企業に課せられた負担や規制を取り除き、市場メカニズムにゆだねることをよしとする考え方です。新自由主義改革の代名詞として構造改革が使われ、構造改革の具体的な方策として規制緩和（規制改革）が行われてきました。政府による規制は、企業の自由な経済活動を阻害し、成長の桎梏となっている、だから緩和ないし廃止すべきだ、というのです。

　本書テーマで言えば、労働者を保護している労働法制（雇用・賃金・働かせ方に関する規制）がそのターゲットになりました。第二次安倍政権の「世界で一番企業が活躍しやすい国」を実現するための「聖域なき規制改革」というフレーズが記憶に新しいところですが、さかのぼれば、1980年代からの労働時間規制の緩和（変形労働時間制度の導入、裁量労働制の導入など）や後で述べる労働者派遣法の制定などがあげられます（**図表４**）。

　もちろん、労働界や市民社会による抵抗もあり、規制緩和一辺倒で進められてきたわけでは必ずしもありませんし、部分的には規制強化などが実現されているものの、大枠としては、緩和の方向で進んでいる、ないし、十分な規制強化は実現されていない（阻まれてきた）と評価できるでしょう[7]。何が行われてきたか、だけではなく、何が行われてこなかったか、を検証することが必要です。

　ところで、本書では労働分野の規制に限定して話を進めますが、実際の新自由主義改革・構造改革は、聖域なく進められてきています。税制面における法人税の税率や所得税の累進税率が見直され、医療や福祉など社会

---

[6]　新自由主義改革・構造改革というテーマについては、渡辺治氏（一橋大学名誉教授）の著作を参照。『安倍政権の終焉と新自由主義政治、改憲のゆくえ――「安倍政治」に代わる選択肢を探る』旬報社、2020年がおすすめです。

[7]　この間の「働き方改革」についても、「働き方改革」を検証するという特集が『労働総研クォータリー』第129号（2024年冬季号）で組まれています。

非正規労働問題を考える

図表４　労働法制の規制緩和関連を中心とした年表

年	規制緩和の内容など
1985	労働者派遣法成立（86年施行）：「高度で専門的な」13業務の労働者派遣（翌年3業務が追加され16業務へ）
1987	労働基準法「改正」：週40時間制の原則化、変形労働時間を拡大、フレックスタイム制、裁量労働制導入
1993	労働基準法「改正」：週40時間制の実施と1年単位の変形労働時間制を導入
1995	日経連が「新時代の『日本的経営』」を発表：①長期蓄積能力活用型、②高度専門能力活用型、③雇用柔軟型の3類型 政府「規制緩和5か年計画」
1996	労働者派遣法「改正」：対象16業務から26へ 日経連が「政府規制の撤廃・緩和要望について」を発表。①裁量労働制の拡大、②労働時間の弾力化、③労基法の罰則の廃止、④女子保護規定の撤廃、⑤有料職業紹介事業の制限撤廃、⑥労働者派遣の自由化などを要望
1997	裁量労働制の対象業務に6業務を追加 政府「規制緩和推進計画」を決定：①労働時間法制の規制緩和、②女子保護規定の撤廃、③労働者派遣法の全面見直し、④有料職業紹介事業の規制緩和など 労働基準法「改正」：女子保護規定の撤廃
1998	労働基準法「全面的改正」：①労働契約期間の上限3年、②裁量労働制をホワイトカラーに大幅拡大（2000年施行）、③1年単位の変形労働時間制度の要件緩和
1999	職業安定法「改正」：有料職業紹介の取り扱い職業を拡大 経団連「産業競争力強化に向けた提言」を発表：①有期契約拡大、②裁量労働制拡大、③派遣労働の緩和、④雇用保険の見直し、⑤配偶者控除見直しを要望 労働者派遣業務の原則自由化（製造業をのぞく）
2001	総合規制改革会議（第1次答申）を発表：①職業紹介の抜本的緩和、②派遣労働の拡大、③物の製造への派遣解禁、④裁量労働制の拡大、⑤ホワイトカラーの労働時間管理適用除外、⑥解雇ルールの明示化など要望
2003	労働基準法「改正」：労働契約期間を3～5年、企画業務型裁量労働制の要件緩和 労働者派遣法「改正」：製造業への派遣解禁。専門的26業務は派遣期間が3年から無制限に。それ以外の製造業を除いた業務で派遣期間上限を1年から3年に 職業安定法「改正」：民間職業紹介所の要件緩和、求職者からの手数料規制の緩和
2005	経団連が「ホワイトカラー・エグゼンプションに関する提言」：年収400万円以上は労働時間規制の対象外にすることを要望
2007	最低賃金法改正：「健康で文化的な生活確保」にむけ生活保護との整合性に配慮
2008	労働契約法施行：労使対等、均衡待遇、仕事と生活の調和、権利濫用の禁止、安全配慮義務などをもり込む リーマンショック、製造業で「派遣切り」が横行、「年越し派遣村」の運動
2012	労働者派遣法改正：登録型派遣、製造業派遣、日雇い派遣の修正成立 労働契約法改正：5年有期雇用の無期転換権、均衡待遇規制の強化
2014	労働契約法「改正」：研究者（有期雇用）の無期転換権10年へ延長 パート労働法改正：均衡・均等待遇規制の強化
2015	労働者派遣法「改正」：派遣の全面自由化、業務区分が廃止され、派遣受入期間が一定要件で制限なしに
2016	「働き方改革実現会議」発足
2018	働き方改革関連法が成立：時間外労働の上限規制、雇用形態に関わらない公正な待遇の確保のほか、高度プロフェッショナル制度の導入など

出所：寺間誠治氏作成（『「働き方改革」という名の"劇薬"——労働者本意の働くルール確立を』学習の友社、2016年 pp.85-87）より、本章に関係するものを中心に転載（一部、加筆修正）。

保障費用が抑制され、経済活動に関する規制や安全・環境に関する規制などが緩和ないし廃止されていきました。一例をあげれば、物流2024年問題で注目をされているトラック運送事業では、1990年の物流二法の制定によって、需給調整（新規参入）規制や価格（運賃）規制が緩和されています。労働者の現状をみる際に、格差や貧困を拡大してきた、とはからずも岸田首相によって言及された、こうした新自由主義改革・構造改革全体を視野に入れる必要があります。

　あわせて、改革を進める際には、経済財政諮問会議や規制改革推進会議など、首相の下におかれた戦略的な政策形成機関に財界の意思が直接反映される仕組みが活用されました[8]。労働政策においてもそのことは同様であって、本来は、政労使（公労使）という三者で構成された労働政策審議会での審議に付される必要がありながら、いわば、労働者代表の参加のないままに政策の方向性が決められるという、非民主的な手続きが採用される傾向にありました。新自由主義改革を進める政治体制とは、改革への批判を押さえ込むためにも、強権的な政治体制が採用される点に注意が必要です。

〇労働政策における規制緩和の象徴としての派遣雇用
　第1節でふれた派遣雇用は労働政策における規制緩和の象徴でもあります。この点をさかのぼって確認してみます。

　強制労働や中間搾取の温床になっていた労働者供給事業（「供給契約に基づいて労働者を他人の指揮命令を受けて労働に従事させる事業」、職業安定法第4条）は、戦後は原則として禁止され、人を使って事業を行う場合には直接雇用の原則が確立されました。

　ところが、労働力の需給構造の変化に伴い、業務委託や人材派遣などの働き方がなし崩し的に拡大されるなかで、産業界の強いニーズを背景に、

---

[8]　五十嵐仁『労働政策』日本経済評論社、2008年などを参照。

政府もそれに呼応して、労働者派遣法は制定されるに至りました。労働者
供給事業のうち、供給元と労働者との間に雇用関係が「ある」ものが労働
者派遣事業として抽出され、合法化されたのです（1985 年）。

　当初は専門的・高度と称された業務に限定され、13 業務で出発した派
遣労働ですが、その後、対象業務は拡大され、96 年には 26 業務にまで拡
大し、さらに 1999 年には、対象業務は原則自由化されるに至りました。
加えて 2003 年には、それまで期間が限定されてきた専門 26 業務につい
ての期間制限が撤廃され――本来一時的な雇用であるはずの派遣労働を長期
で使うことが容認され――その他の業務についても 3 年までに延長、そし
て、製造業務についての派遣も解禁されることとなりました。

　規制の緩和という観点から以上を整理すると、間接雇用である派遣雇用
が法制度的に認められ（直接雇用規制の緩和）、業務の規制が緩和され、受
け入れ期間の上限規制も緩和された、となります。

　第 1 節でみた派遣事業の拡大の背景にはユーザー企業にとってのメリッ
トがあります。同じ非正規雇用でも、雇用関係を締結する直接雇用の非正
規以上に雇用のジャスト・イン・タイムを容易に進められ、しかも、使用
者責任の大部分を回避しながら労働者に対する指揮命令権を確保できる点
です。

　派遣元と雇用関係が形式上結ばれることをもって違法な労働者供給事業
から抽出され派遣雇用は合法化されたわけですが、派遣元は、およそ主体
的に雇用主責任を果たすことのできるような実体はない雇用主と言えるで
しょう。結果として、派遣労働においては雇用主責任が空洞化するリスク
を常にはらんでいるのです[9]。

9　伍賀一道「派遣労働は働き方・働かせ方をどのように変えたか――間接雇用の戦後史をふま
えて」『大原社会問題研究所雑誌』第 604 号（2009 年 2 月号）pp.9 – 24。

○ジェンダー平等化だったか格差の拡大化だったか——女性の貧困元年と
　　しての1985年

　規制緩和の象徴としての労働者派遣法が制定された1985年は、「女性の
貧困元年」と指摘されています。この年には男女雇用機会均等法も制定さ
れ、先にみた国民年金における第3号被保険者制度が創設されています。
「女性の貧困元年」とはどういうことでしょうか。何が行われ、何が行わ
れなかったのでしょうか。

　まず、財界の猛反対にあって当初は努力義務でスタートした男女雇用機
会均等法でしたが、その後、差別の禁止規定の導入が実現しようとするな
かで、今度は逆に、それと引き換えに、深夜労働や時間外労働などの規
制、つまり、女性に対する保護規定の廃止が労働側に迫られることになり
ました。女性たちを中心とする当時の労働組合・団体が要求した「保護も
平等も」ではなく、「保護抜き平等」というゆがんだかたちでの平等が実
現されることになったのです（1999年）。

　しかし、男性と同じように働くとは、時間外労働も含め精鋭としての働
き方を引き受けるということを意味しました（実際、制度面で言えば、時間
外労働の罰則付の上限規制が設けられるのは2018年を待たねばなりませんでし
た）。それは、家事・育児の担い手を期待される女性にとって容易なこと
ではありませんでした。結果、女性は、非正規雇用の道を「選択」するよ
うになっていきます。派遣雇用もその受け皿になりました。あるいは、
コース別雇用管理制度が導入された企業では、男性は総合職へ、女性は一
般職へと振り分けられて、女性たちは、仕事の内容、昇進・昇格、賃金・
処遇面などで差別的な扱いを受けることになりました。

　このことは、日本では、家事や育児あるいはみずからのケアさえ放棄し
て働くような働き方が「標準」となることを意味しました。これを「ケア
レスマンモデル」と言います。結果、平等を求めて男性並みの働き方を強
いられる世界に入っていった女性には、長時間労働・過労死も等しく実現
することとなりました。

非正規労働問題を考える

　「男性稼ぎ主型」とも呼ばれる日本型生活保障モデルは、女性が多くを占めた非正規雇用を保護する法制度の整備をおろそかにする結果になりました。最賃制度の不備や被扶養者の社会保険制度、不合理な賃金格差の是正の他にも、雇用面では、非正規雇用者は失業リスクが高いにもかかわらず、雇用保険制度の適用から外されてきました。通常労働者の労働時間のおおむね4分の3以上という加入要件が2分の1以上に引き下げられたのは1989年のことで、1年以上という雇用見込み期間が6か月以上になったのが2009年（翌年に31日以上）のことでした。正規雇用を守るためのバッファー（緩衝材）として非正規雇用を扱うことが司法界でも容認されてきました。

　いわゆる「年収の壁」という、税金や社会保険料負担の制度面もこうした性別役割分業を後押しして今日に至ります。

　なお、非正規雇用者の「貧困問題」は、扶養者による家族賃金が得られている条件下では顕在化しませんが、そこから外れたケースではその限りではありません。例えば、離別・死別による一人親世帯（母子世帯）の貧困率は5割前後という非常に高い水準で推移しています。特徴的なのは、同世帯では母親の8割超が就業していることです（厚生労働省「全国ひとり親世帯等調査結果報告」）。子どものケアと就労の両立は容易なことではありません。平時からの綱渡りのような危うい生活は、コロナ禍ではより一層深刻となり、休校措置に伴う子どものケアの一方で就業機会を失い、母子ともに食事を欠くような生活にあることが支援団体の調査で明らかにされています。

労働組合の規制力の衰退と非正規雇用

　企業の雇用戦略の転換とそれに呼応した政府の政策をみてきましたが、非正規雇用の拡大・問題の深刻化の背景には、あわせて、労働組合側の規制力の衰退という問題もあげられます。労働組合が歯止めになっていないという問題です。

労働基準法や労働契約法は、労働条件は労使が対等の立場で決定すべき
ものであることをうたっています。この労働条件決定における労使対等原
則を実現するためには、労使間の力の圧倒的な不均衡を是正する必要があ
り、そのために、労働三権（団結権、団体交渉権、団体行動権）が日本国憲
法や労働組合法によって保障されているのです。

　しかし、**図表5**のとおり、戦後の一時期には50％を超えた組織率も現
在は20％を切っています。労働争議もわずかで、別のデータ（JILPT『デー
タブック国際労働比較2024』）で労働損失日数（「スト又は作業所閉鎖により
労働に従事しなかった延べ日数」）を国際比較すると、日本ではわずか2千
人日——2千人日とは、千人が2日間のストに参加した人数を意味する
——にまで低下しています。イギリスでは2518千日、アメリカでは2195
千人日、カナダでは1896千人日、お隣の国韓国では344千人日と、いず
れの国も字義どおり桁違いの多さです。もちろん、日本の雇用や働かせ方
に問題が何もないのであれば、労働争議の件数も労働損失日数も、少なく
ても何も問題はありません。いかに日本の労働組合が抵抗力を失っている
かが理解されるでしょう。

○労働組合からの排除？

　以上が労働組合の全般的な状況ですが、加えて、非正規雇用者の場合に
は労働組合から排除されているのではないかという問題があります。

　組織率は大きく減少しているとはいえ、大企業・公務職場の組織率はま
だ相対的に高い水準を維持しています。民間企業ではユニオン・ショップ
協定を締結している企業も数多くあります。そうしたユ・シ協定のある民
間企業でも、非正規雇用者の組合加入は認められず、にもかかわらず、非
正規雇用者の労働条件は労働組合が使用者と協議している状況にありま
す。事業所に当該労働者がいるにもかかわらず、組合加入資格があるのは
「パートタイム労働者」で42.0％、「有期契約労働者」で40.9％、そして
「派遣労働者」ではわずか5.0％です（厚生労働省「2022年労使間の交渉等に

非正規労働問題を考える

図表5　労働組合員数、推定組織率および総争議・総参加人員の推移

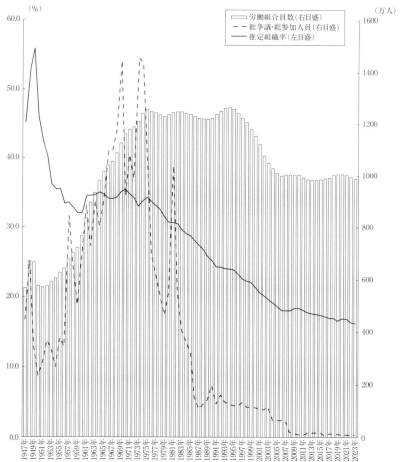

出所：厚生労働省「労働組合基礎調査（時系列・第1表）」「労働争議統計調査（時系列表）」より作成。

関する実態調査」)。当該労働組合は職場を代表していると言えるでしょうか。

　労働組合のナショナルセンター「連合」に対して有識者による叱咤激励が出されて 20 年が経過しました(「連合評価委員会最終報告」2003 年 9 月 12 日)。曰く、労働組合は働く者を代表する組織になっているか、企業別組合主義を脱却できているか、と。

　日本の労働組合は、企業別に組織されていることから、企業間競争が労働条件競争に転化することに歯止めをかけるのが難しいとされてきました。しかも、その多くが男性・正規雇用者を中心に組織され、非正規雇用には門戸が開かれてきませんでした。むしろ、コストカットの手段として非正規の活用が容認されることもありました。かつて、格差社会の主犯が経営者なら労働組合は従犯という自戒の言葉が連合の会長から述べられたこともあります。この状況は果たしてどこまで克服されたでしょうか。

　もっとも、労働組合の規制力の減退は、非正規雇用問題だけにあらわれているわけではありません。組合員であるはずの正規雇用者をも組合が守ることができていないことは、例えば、先にあげた、2000 年代前半の大リストラにも大企業労組から抵抗はほとんどみられなかったことや、時間外労働の協定(36 協定)の締結において、過労死水準を優に超える内容で締結・容認する大企業労組が多数であったこと(「過労死基準超依然 7 割　残業時間企業任せ　大手 100 社本紙再調査」『東京新聞』朝刊 2015 年 6 月 1 日付)に象徴されます。

　故・森岡孝二氏(経済学者)は、ストがなくなった職場・社会における労働者のストレス増をもって、二重のストレス社会であると表現しました(『雇用身分社会』岩波書店、2015 年)。労働組合の規制力の回復が求められています。

各産業にみる非正規労働問題

　第 3 節に入る前に、ここまでの議論をふまえて、非正規労働問題の現状

非正規労働問題を考える

図表6　産業×従業上の地位・雇用形態別にみた就業者数

単位：万人

	総数	自営業主・家族従業者	役員を除く雇用者	正規の職員・従業員	非正規の職員・従業員	男性	女性	非正規雇用割合(%)	パート	アルバイト	派遣社員	契約社員	嘱託	その他	(別掲)フリーランス
全産業	6,747	639	5,739	3,615	2,124	683	1,441	37.0	1,030	459	156	283	111	85	209.4
農林漁業	199	134	59	29	31	14	17	52.5	14	8	1	2	1	6	—
鉱業, 採石業, 砂利採取業	2	0	2	1	0	0	0	0.0	0	0	—	0	0	0	0.0
建設業	483	84	330	277	53	34	20	16.1	15	11	4	13	6	5	49.7
製造業	1,055	34	975	731	244	106	138	25.0	105	17	50	44	18	9	16.2
電気・ガス・熱供給・水道業	30	0	30	25	4	3	2	13.3	1	0	1	2	1	0	0.3
情報通信業	278	15	248	211	37	18	19	14.9	5	6	9	12	3	1	15.3
運輸業, 郵便業	349	15	322	226	97	54	43	30.1	38	18	10	22	7	2	9.4
卸売業, 小売業	1,041	70	908	450	459	122	336	50.6	260	137	13	32	12	5	17.5
金融業, 保険業	155	2	148	120	28	5	23	18.9	12	1	5	7	4	1	2.0
不動産業, 物品賃貸業	139	15	99	64	35	16	19	35.4	16	5	3	7	3	1	16.4
学術研究, 専門・技術サービス業	256	57	176	135	41	15	26	23.3	15	6	5	9	4	2	36.7
宿泊業, 飲食サービス業	398	49	337	82	254	69	185	75.4	111	127	3	9	2	3	0.8
生活関連サービス業, 娯楽業	225	56	160	70	89	26	63	55.6	45	27	3	8	3	4	10.7
教育, 学習支援業	344	26	313	190	124	38	86	39.6	44	29	4	23	10	14	12.5
医療, 福祉	910	30	860	534	326	43	283	37.9	232	22	13	32	16	11	3.6
複合サービス事業	47	0	46	32	14	6	9	30.4	6	2	0	5	1	1	0.0
サービス業(他に分類されないもの)	458	46	387	198	189	80	109	48.8	81	32	16	42	11	7	18.2
公務(他に分類されるものを除く)	253	—	253	204	49	17	32	19.4	16	3	2	9	9	10	—
分類不能の産業	122	7	84	36	48	17	30	57.1	13	11	15	4	1	4	—

注1：公務の人数は、「他に分類されないもの」に限定されている点に留意。
注2：派遣社員は、労働者派遣事業所の派遣社員。
出所：総務省「労働力調査（基本・第II-1表、2023年平均）」および「2022年就業構造基本調査（第20表）」より作成（フリーランスの値のみ後者）。

をあらためて確認します。

　図表6は「労調」で産業別に就業・雇用情報を整理したものです。新自由主義改革・構造改革はそれぞれの産業にどのような刻印を残しているでしょうか。本書第Ⅱ部で紹介されている産業や問題などを意識しながら、いくつかの産業の非正規労働問題などに言及します。その作業を通じて労働政策のあり方はもちろんのこと、グローバル経済への対応や新自由主義政治そのものが問われていることを確認したいと思います。

〇製造業の海外移転・地域の空洞化
　経済のグローバル化にともなう製造業の海外進出は地域を空洞化させ、地域の総ワーキングプア化をもたらすことになりました。

　日本の就業者数は 1997 年にピークを迎え、その後はゆるやかに減少・横ばい、そして近年では、女性や高齢者の参入で増加の傾向を示していますが、製造業に限ると、1992 年の 1569 万人をピークにいち早く減少を始め、今日に至るまで 500 万人ほど就業者は減少をしています（「労調（基本・長期時系列表 5)」）。一方で、それとは逆に、海外での生産、従業員数が増加しています。例えば、現地法人における常時従業者数は約 569.5 万人で、そのうち製造業が約 419.6 万人を占めています（経済産業省「海外事業活動基本調査（2021 年度)」）。

　経済のグローバル化、製造業の空洞化のなかで、どのようにして地域経済を再生していくか。仮に企業の誘致を進めても、そこで雇用されるのは非正規雇用・間接雇用であって、地域経済の再生に必ずしもつながらない、という問題もあります（先にもみましたが、製造業における派遣雇用の拡大を参照）。移転先の経済発展を見据えつつ、多国籍企業の誘致合戦・国際競争を規制する必要性も指摘されています。

　以上の問題を考えるにあたり、地場産業と地域経済を支えていた労働者の現状については〈佐伯論文〉を参照してください。

○公共投資削減で収縮した建設業

　建設業も大きく就業者数を減らしています。同じく「労調」によれば
ピーク時（1997年）には685万人、全就業者数の1割に達していたもの
が、不況（当時）による需要減に加えて、公共投資の大幅な削減で、その
人数は、現在では483万人と、ピーク時から200万人も減少をしています。

　もちろん、財政悪化を顧みずに、需要が乏しく環境破壊などもたらす大
型の産業基盤整備を押し進めるような公共事業のあり方には問題があり、
公共投資の縮減は不可避ではありましたが、一方で、公共事業は地方にお
ける雇用の受け皿となっていました。地域に必要とされる生活基盤整備に
シフトしながら、地元の建設事業者の経営改善や建設労働者の3K職場を
改善する——大手ゼネコンを頂点とする重層下請構造下の建設労働市場で
は、日雇い労働者や出稼ぎ労働者が末端で働いていたほか、雇用関係が回
避された名ばかりの自営業者が低い就業条件で活用されていました（「労
調」の自営業主等の人数をご覧ください）——といった方向を選択するこ
とも可能だったのではないでしょうか。そういった配慮なく不況下で急激に
公共投資が削減された結果、労働条件のさらなる悪化と若年層離れ・労働
者の高齢化というスパイラルで建設産業の担い手不足が深刻化しているこ
とは周知のとおりです。

○非正規依存型のサービス業の拡大

　製造業や建設業などに代わって拡大してきたのがサービス業です。若者
の雇用の受け皿にもなりました。しかしそこでの雇用は必ずしも安定して
いません。

　（1）例えば、就業者数が1000万人近い「卸売業・小売業」では、かつ
ては自営業主や家族従業者も数多く働いていましたが、大店法の廃止
（2000年）・大型店の進出で大きく減少しました。代わりに雇用者が増えた
ものの、短時間労働の非正規雇用が多くを占めます。正規雇用と非正規雇
用がほぼ半々で、なおかつ、雇用者全体のうち310万人、32.6％が週30

時間未満で働いています（「労調（基本・第Ⅱ-3 表)」）。税制・社会保険の制度設計が短時間雇用の活用を企業に促しています。

（2）コロナで大きな影響を受けた飲食業も非正規・短時間雇用の割合が大きな産業です。表中「宿泊業、飲食サービス業」をみると、およそ 4 分の 3 が非正規で、雇用者全体のうち 189 万人、55.9％が週 30 時間未満ですが、これを飲食業（「飲食店」）に限定すると、数値はさらに増加し、非正規雇用割合は 80.9％、雇用者全体のうち 143 万人、63.0％が週 30 時間未満となります。しかも同業種では、一方で、店長職など正規雇用者を中心に、極端な長時間労働が統計（「就調」）上確認もされ、実際、若年層の過労死がみられるほか、「宿泊業、飲食サービス業」は、高卒・大卒の 3 年以内離職率が最も高くなっています（厚生労働省「新規学卒就職者の離職状況（2020 年 3 月卒業者)」）。

（3）ところで、コロナ禍において、パートやアルバイトを中心に、失業者として顕在化こそしなかったとはいえ、仕事が与えられずその分の手当も支給されぬ実質的な失業者は女性だけで 100 万人にも達するという試算も出されました（野村総合研究所）。休業手当が支給されないことを正当化するのに使われた理由がシフト制でした。飲食業を中心にみられるシフト制をめぐる問題は〈栗原論文〉が論じていますのでお読みください。学生アルバイトたちも同様の事態に直面しました。彼らの多くが飲食業や小売業で働いています。在学中の「15 ～ 24 歳」の非正規雇用者 196 万人のうち、前者で働く者が 87 万人、後者で働く者が 63 万人です（「労調（詳細・第 II-1 表)」）。

（4）とりわけ日本では、失業問題は長らく中高年齢層の問題であって、新規一括採用と OJT による職業能力の形成が学校から仕事への移行の「標準」であったことから、若者の就職を支援するような公的な仕組みなどはとくに整備されてきませんでした。職業能力の形成面など、若者が職業人生のスタートを非正規雇用で始めざるを得ないその問題性は大きいです。非正規雇用の若者は今、どんな仕事に従事しているのでしょうか。

「生活関連サービス業、娯楽業」である「夢と感動をあたえるテーマパーク」での非正規雇用者の仕事、労働条件を紹介した〈横田論文〉が一つの好例を示しています。

○医療・福祉と社会保障費の抑制

　サービス業のうち「医療・福祉」は、人口の高齢化等を背景に労働者数が増大している業種です。但し、新自由主義政治は、社会保障費を厳しく抑制すると同時に、介護保険に象徴されるとおり、市場への開放・営利化を進めてきました。お金のある人は十分なサービスを受けられるけれども、ない人は受けられないという福祉の階層化です。

　また、介護報酬や保育所運営費の低さにも象徴されるとおり、介護や保育は、家庭内における無償労働の延長のようにみなされ、介護士や保育士の賃金は低く抑えられてきました。訪問介護では、移動時間や待機時間に賃金を発生させることさえできぬほどの報酬設定です。こうしたなかで医療・福祉労働者の人手不足、非正規問題（さらには、医療従事者の過労死問題）が生み出されています。医療業は正規雇用者割合がまだ高いものの、保育所など児童福祉事業では半数が非正規雇用者で、老人福祉・介護事業のなかでも訪問介護事業では6割が非正規雇用者です（「就調（第20表）」）。社会保障費抑制政策の転換が不可欠です。

　以上の社会保障費の抑制は、言うまでもなく、働く者にとってだけの問題ではありません。受給者の側からみると、日本では社会保険制度が分立し、自営業者・非正規雇用者など所得水準の低い層ほど、負担が大きく給付が少ない保険に加入し、現役時代の低賃金・収入が低年金につながるという問題があげられます。高齢者層の高い就労率の背景には、こうした経済的な困窮や社会保障制度の貧困という問題があります。このことを〈赤羽目論文〉、〈海老論文〉でみていきましょう。

○公務職場における二つの非正規問題

　日本は、イメージに反して人口当たりの公務員の人数が少ない国です。地方においては、地方財政の三位一体改革に象徴される地方への所得再分配の縮減や地方行政改革、公務員数の削減が推し進められ、そのことでサービスの斬り捨てをみずからが選択しなければならなくなるなど、自治体は新自由主義改革の推進母体に追い込まれることになりました。

　「自治体職員の定員の適正化」が繰り返し求められた結果、正職員数は1994年の328.2万人をピークに減少を続け、2018年には273.7万に。その後280.2万人にまで微増したもののピーク時から48万人も減っています。最大では55万人の減です（以上は、総務省「地方公共団体定員管理調査」）。

　2004年12月24日に閣議決定された「今後の行政改革の方針」をふまえて小泉内閣期に発出された「地方公共団体における行政改革の推進のための新たな指針（2005年3月29日）」を起点とする2005〜2010年の集中改革プランでは、約23万人もの職員が減らされました。代わりに増えたのが非正規公務員で、その数は今や全国で100万人を超えています。法が整備されぬままなし崩しに拡大され、自治体の裁量で雇用されてきた彼ら（その多くは女性です）非正規公務員に新しく準備された制度（会計年度任用職員制度）がいかなるものか。詳しくは、〈嶋林論文〉のほか、国の非正規公務員を扱った〈笠松論文〉を参照してください[10]。

　公務分野では、加えて、民間労働者も安価に活用されています。国や自治体が民間に発注して行われる事業（建設工事、業務委託、指定管理、物品調達）領域における問題です。ここでも、財政ひっ迫下で、過度に競争促進的な入札制度が自治体によって採用され、事業者間のコスト削減競争が進んだ結果、受託者の事業経営の困難、技能労働者の確保や賃金・労働条件の維持の困難、さらには、工事やサービスの品質低下・事故の発生とい

---

[10]　非正規公務員問題については、晴山一穂、早津裕貴編著『公務員制度の持続可能性と「働き方改革」——あなたに公共サービスを届け続けるために』旬報社、2023年のほか、上林陽治氏（立教大学特任教授）の非正規公務員に関する著作をご参照ください。

非正規労働問題を考える

う問題が生じています。

○労働法・労働組合の空白地帯の広がり

　労働者としての権利が保障されず、さらには、労働三権・集団的な労使関係からも無縁な世界、あたかも労働法や労働組合が空白であるかのような地帯が非正規労働のなかに広がっています。放置していては労働者の労働条件全体を引き下げる重石として機能することになります。

　一例を、上記のとおり、公務職場で確認しましたが──（a）非正規公務員は、公務員と扱われながら不安定雇用・低賃金、にもかかわらずみずから問題を解決する手は縛られている（労働基本権を制約されている）こと、（b）公共民間の職場では、形式上は労働法で守られているとはいえ、発注条件によって雇用・労働条件が事実上決定してしまうこと──こうした問題は他にも確認されます。三点を取り上げます。

　（1）間接雇用とりわけ派遣雇用の世界では、ユーザー企業による雇用主責任の回避という問題をみました。

　リーマン・ショック後の派遣切り・非正規切りを踏まえ、不十分な内容ではありますが、日雇派遣の原則禁止など一部規制の強化が 2012 年の法改定で実現します。しかしその後は、実効性ある規制強化は実現していません。2015 年の法改定で設けられた、同一事業所での派遣は原則 3 年までというルールも、当事者に正規雇用の道を開くものではなく、人を替えれば派遣を使い続けられるという、ユーザー企業にとってのメリットでしかありません。派遣の恒常的な利用は、雇用主責任の回避を目的としたものと言わざるを得ません。派遣先で働く労働者との間の実効性ある均等待遇規定もなく、ほとんどは、「派遣労働者と同種の業務に同一の地域で従事する一般労働者の平均賃金と同等以上」になるように義務づけられた「労使協定方式」の採用にとどまります。

　ユーザー企業である大企業には労働組合があるものの、ほとんどの組合は派遣の加入資格を認めていない現状にあることは先に述べたとおりです。

（2）労働力不足のなかで外国人労働者に期待が集まっています。2023年10月末には彼らは200万人に達しました。製造業で55.2万人、卸売・小売業で26.4万人、宿泊業・飲食サービス業で23.4万人、建設業で14.5万人が働いています。特筆すべきは、「派遣・請負事業所」など間接雇用で働く者が労働者全体の18.2％も占めることです（以上は、厚生労働省「外国人雇用状況」の届出状況まとめ）。

日本では、建前では、いわゆる単純労働者（非熟練労働者）の受け入れは慎重に回避され、就労目的という正面（フロントドア）からではなく、日系人であることや日本人の配偶者など血筋や身分、技能実習生や留学生アルバイト（資格外活動）といういわばサイドドアや、正規の就労資格をもたないバックドアからの受け入れを活用してきました。とくに問題が大きいのは、国際貢献という建前とは異なり、事実上の労働者として働かされている技能実習生制度です。この点は〈本多論文〉をお読みください。

彼らは土地・家などを担保にして、多額の借金を背負って日本に来ていたり、送り出し機関に保証金を徴収されていたりします。仮に実習先で違法な状況があっても声をあげることができず、その上、実習先を指導することが期待されている監理団体も、実習先からの監理料を徴収している立場上、問題に厳しい立場でのぞむことをせず、機能していないと指摘されています。原則として働く場所を変えることもできぬために失踪という最終手段をとるしかない──実習生たちのおかれたこうした奴隷的労働に対しては、国際的にも厳しく批判がされています（例えば、アメリカ国務省人身取引監視対策部「人身取引報告書」）。

2024年通常国会で成立した関連法制度の行方を注視しながら、彼らが暮らす地域に労働組合というインフラを準備する必要があります[11]。

（3）最後は、字義通り、労働法の空白地帯である、名ばかり個人事業

---

[11]　分担執筆で参加した「お隣は外国人」編集委員会編『お隣は外国人──北海道で働く、暮らす』北海道新聞社、2022年をご参照ください。弁護士や教会関係者そして労働組合による協働で外国人労働者支援が行われている北海道の事例が掲載されています。

主、フリーランスの問題です。本書では化粧品販売・エステティシャンの働き方を紹介した〈高橋論文〉で論じられています。

　古くは、例えば、一人親方として扱われてきた建設労働者の労災事故をめぐる問題などがありましたが、ウーバーイーツなどデジタルプラットフォーム労働の広がりは、労働者保護の欠如や労働者性をめぐる問題への対応をあらためて迫るものとなりました。

　労働基準法上の労働者性については、労働基準法研究会による「労働基準法の「労働者」の判断基準について（1985 年 12 月 19 日）」において、主として、使用従属性による判断枠組みが示されています。労働組合法上の労働者性については、事業組織への組み入れなどによって判断がされています。ただ、当時は想定もされていなかったデジタルプラットフォーム労働が出現するなかで、これらの判断枠組みや対応で果たして十分でしょうか。フリーランス新法の施行（2024 年 11 月 1 日）を控え、その実態把握や海外での政策・運動の情報収集が急がれます[12]。

第3節　問題はどうすれば解決できるか
──労働組合規制と労働法規制の強化

　格差・貧困の温床である非正規雇用問題とその背景などをみてきました。いまいちど ILO による定義に照らしながら、ディーセントワークを日本の非正規雇用に実現するということの具体的な内容を考えると、雇用の安定はもちろんですが、十分な収入、差別のない公正かつ適切な賃金・処遇と、雇用保険や社会保険など社会保障制度による保護のほか、仕事や

---

[12]　名ばかり個人事業主・誤分類問題は、脇田滋氏（龍谷大学名誉教授）編著の『ディスガイズド・エンプロイメント──名ばかり個人事業主』学習の友社、2020 年などを参照。

労働条件に対して「発言」が可能な状況を実現することを意味します。また強調されているとおり、現状を批判的にとらえるには、ジェンダーの視点が欠かせません。企業福祉と家族福祉に依存してきた日本型の生活保障モデルは成立条件が崩れてきています。そもそも、固定的かつ差別的な性別役割分業をはらむなど、このモデルには問題が多く、見直しは不可避です。

　以上の実現のためには、労働組合による規制と労働法による規制、いわば、労働分野の規制の強化が必要です。

非正規雇用者の組織化に関する留意点

　労働法の制定・改定過程には労働側だけでなく使用者側も参加し、しかもこの間は、政治と一体化するかたちで使用者側の意向が強く反映されてきました。そのことから分かるとおり、働く側の希望が自動的に反映されて法律が強化されるなどということはありません。職場の問題解決も労働政策の拡充も、労働組合の力がなければ実現不可能です。非正規雇用問題に限ったことではありませんが、個々の労働者が労働組合に集うこと、労働組合が質量ともに強化されることなくしてディーセントワークの実現はありません。

　では、その非正規雇用者の組織化はどのように進めればよいか。この点は、問題に取り組む労働組合が真剣に悩み試行錯誤されていることでしょうから、第Ⅱ部の実践報告にゆだねたいと思います。

　その上でいくつか述べるなら、第一に、企業別組合主義の克服が必要です。みずから（正規雇用者）の雇用・労働条件を守るために非正規雇用者を活用していないか。職場の差別に無自覚でないか。厳しく検証されるべきでしょう。

　第二に、企業別組合主義の否定は企業別組合の否定ではありません。企業間競争に引きずられやすい組織形態には自覚的であるべきでしょうけれども、企業別組合であることをもって非正規雇用問題への取り組みが不可

44

能であることは意味しません。正規雇用者と非正規雇用者が一つの組合に組織され両者の間の「壁」を壊しながら取り組みを進めるケースもあれば、非正規雇用者だけで組織された労働組合を正規雇用者労組が支援するケースもあります。間接雇用・構内下請の組織化という難しい課題についても、製造業でのそれを取りあつかった〈松田論文〉、放送産業での取り組みを紹介した〈岩崎論文〉をお読みください。

　第三に、そのことを前提にした上で、何を軸にして労働者を組織すれば、労働市場の規制にとって有効なのか。あらためて熟慮され、企業別組合という組織形態に固執することなく、様ざまな取り組みが試みられるべきでしょう[13]。例えば、企業をこえて「職種」を軸にした労働組合の組織化実践も広がりつつあるのはその一例です。

　関連して、欧州のような産業別の労働協約のなさゆえに、ともすれば組合の成果が企業内にとどまってしまう弱点の克服のために様ざまな実践が試みられてきました。日本の春闘はその象徴でしょう。非正規雇用者が加盟する労働組合による「非正規春闘」が 2023 年から始まっています。中小企業同士の激しい価格競争に歯止めをかけ、元請・発注者との間の価格交渉力の弱さを埋めるために中小企業との共闘・集団交渉、背景資本の責任追及などが実践されてきました。近年では、労働組合法第 18 条に基づく労働協約の地域的拡張適用の事例が報告されています。弱点や問題点も含めて、経験交流が期待されています。

　最後に、非正規雇用者への共感的な理解と当事者のエンパワーメントが必要です。例えば有期雇用や差別的な賃金など、展望が見えず立ち上がることが困難な状況に長年おかれていれば、労働組合に加入して運動するという選択は容易なことではないでしょう。自己肯定感や自己効力感（自分にはできるという感覚）の低さ、あるいは学習性無力感もまた、彼らの就

---

[13]　熊沢誠氏（甲南大学名誉教授）の『労働組合運動とはなにか──絆のある働き方をもとめて』岩波書店、2013 年で展開されている「労働組合＝ユニオン運動の明日」など参照。

労経験や職場での体験との関連で考える必要があるのではないでしょうか。ことを私的な問題に封じ込めることなく、社会的な問題としてとらえることやエンパワーメントのためのトレーニングが系統的に設けられる必要性を感じます。

労働組合に期待される取り組み

　では、労働組合に期待される取り組みを最後にみていきます。取り上げるのは、雇用安定・無期雇用転換、最低賃金の引き上げ等、同一労働同一賃金・均等待遇、職業教育・労働教育です。法制度の動向とあわせてこれらをみていきましょう。

○無期雇用、直接雇用を雇用の原則に

　第一に、有期雇用の濫用をやめさせて安心して働き続けられる基盤をまずは整備することです。次回の雇用更新が常に危機にさらされた状態は、労働者側の発言力を低下させるという危機感が必要です。しかも有期雇用は、職場における権力関係と結びつくことで、ハラスメントの温床にもなります。

　2012年に改定された労働契約法は第18条で、有期労働契約を通算で5年を超えた場合、労働者からの申し出で無期雇用に転換する制度を整備しました。これによって一定の無期転換が実現しました。

　しかしながら、法制定時から懸念されていたとおり、無期転換権が付与される直前に雇い止めが発生し（2018年問題）、なおかつ、就業規則上も、5年を超えて雇用されないようにする更新限度条項が設けられるに至りました。今や、更新限度条項・無期転換逃れが定着したかのようである、というのは言い過ぎでしょうか。無期転換逃れと粘り強くたたかい続けている労働組合がある一方で、職場の無期転換逃れを黙認している労働組合もあります。

　あるいは、有期雇用のまま5年以上働き続ける者は、600万人を超えて

いXます（「労調（詳細・第Ⅱ-15表）」）。処遇の改善に直接つながるものではないからと無期転換が希望されていないのか、無期転換制度が知られていないのか、それとも、希望しているのに申請ができない状況にあるのか、いずれによるのでしょうか。

2024年4月1日から、労働条件の明示ルールが変更になりました。更新限度条項の存在を事前に示さなければならない、となりました。しかし、更新限度条項そのものが禁止されたわけではありません。合理的な理由のない更新限度条項を定着させることになるのか、仕事がなくなるわけではないのに働く者が職場を追われ新たな人に代えられる、そのことを許すのか、労働界に問われています。合理的な理由がなければ有期雇用で雇うことは認めない「入口規制」などという高い目標の実現は、こうした不断の取り組みの延長にあるのではないでしょうか。

このテーマに関連して三点を付け加えます。

(1) 大学・研究機関の10年雇い止め問題

第一は、大学・研究機関における無期転換の特例問題です。大学・研究機関には、非正規の教員・研究職が数多く働いています。彼らには、5年超ではなく10年超での無期転換という特例が設けられました。しかも、意図的な混同で、本来は一般則の対象である非常勤講師にまでこの特例が適用され、さらに、10年超で無期転換されるならまだしも、10年を前に雇い止めが横行している現実があります。以上は、労働契約法第18条の施行から10年を経た2023年問題としてクローズアップされました。大学・研究機関のこうした問題への支援が求められているのではないでしょうか。この点は、非正規の研究職の実態とあわせて、理化学研究所労働組合や大学非常勤講師労組のたたかいが〈衣川論文〉で詳しく論じられています。

(2) 派遣雇用など間接雇用の規制

第二に、間接雇用の利用は一時的なものに限定させ、労働者保護を強化することが必要です。使用者責任を回避し解雇規制を無効化できる派遣雇

用については、派遣先労働者との間の均等待遇のほか、派遣元と派遣先で共同責任を負う仕組みへの転換が提起されています[14]。

(3) 公務職場の無期転換権の欠如と公共調達における入札制度問題

　第三に、先に示した公務職場の二種の非正規問題です。(1) 非正規公務員には、無期転換制度自体が存在しません。逆に、地方自治体では新制度下で、1年の有期雇用が厳格化され、一定期間ごとの公募も導入されました。そのうえにこうした問題を解決しようにも、労使は対等な関係ではなく、労働基本権も制約されています。言い換えれば、非正規問題が拡大するなかで労働基本権の回復という課題があらためてクローズアップされていることをここで強調しておきます。(2) 業務委託や指定管理者制度では、入札制度を介した仕事の発注ゆえに、雇用は不安定でなおかつ労働条件の引き下げ圧力に常にさらされることになります。雇用安定・労働条件の改善など政策目的型の入札制度や総合評価落札方式の導入、公契約条例の制定などが必要です。

　なお、以上に関連して、コロナ禍を経て、自治体から政治を変える、自治体の政治を変える、あるいは、公共の再生を目指す動きが注目されます。自治体を財政ひっ迫に追い込んできた政府の責任が大きいとはいえ、問題を座視してきた（どころか新自由主義改革を自治体側で推進してきた）首長・幹部職員、議員・議会を変える取り組みが始まっています。再公営化、ミュニシパリズム（地域主権主義、住民参加による地域民主主義）という世界の潮流とも重なります。自治体が新自由主義改革の「主戦場」となっています。

---

[14]　脇田滋「国際基準にもとづく派遣法抜本改正の課題――共同使用者責任拡大と派遣労働の弊害排除」『労働法律旬報』第1951・1952号（2020年1月25日号）pp.71-79。

非正規労働問題を考える

○最低賃金の大幅な引き上げ、特定最賃の活用、賃金と社会保障の適切な
　組み合わせ

　働けばまともに暮らしていける賃金が必要です。

　静岡県立短期大学准教授の中澤秀一氏は全国の労働組合と協力をして、まともな生活をするためにはいくらの賃金が必要であるかを、マーケット・バスケット方式による最低生計費の試算調査によって明らかにしています。「生活実態調査」と「持ち物財調査」に加えて価格（市場）調査を組み合わせた、労力を必要とするこの調査結果によれば、全国どこでも、おおむね時給 1500 円程度は必要であることが示されます。現行の最低賃金水準との間のあまりの乖離と、ランク制でバラバラに最賃が設定されている点の克服が必要です。

　補足すると、第一に、最賃の大幅引き上げに対して中小企業対策・支援（例えば、地域の産業政策、中小企業に対する金融政策や公正取引行政、社会保険料負担の軽減など）がセットで必要であることは強調しておきます。

　第二に、地域別最賃に加えて、特定最賃、すなわち、特定の産業で設定されている最低賃金の活用が期待されています。

　そもそも最低賃金法は、労働者の生活安定や労働力の質的向上はもちろんのこと、企業間競争を公正なものとし、また、国民経済の健全な発展に寄与することが目的に掲げられています。新自由主義改革で進んだ、労働条件の切り下げ競争・低賃金労働者の拡大で疲弊した日本経済を立て直す上で重要な視点です。一例をあげれば、物流 2024 年問題への対応が進む一方で、規制緩和による弊害で、肝心の賃金・労働条件の改善がなかなか進まぬトラック運送業での特定最賃の活用などが想起されます。

　第三に、低すぎる賃金を上げることが重要な課題であることをふまえた上で、社会保障の拡充が課題です。中高年になると多くの生活費（住宅費、教育費）を要するわが国では、年功賃金がその分を補填していました。生活保障のすべてを企業にゆだねることが妥当なのか、またそれは可能なのか、福祉国家への道を展望しながら、賃金と社会保障の適切な組み

合わせを考えることが必要です[15]。

　なお、本稿で十分にふれることができませんでしたが、生きがい就労という文脈で説明される高齢者の高い就労率の背景にある経済的な困窮をふまえても、老齢期の最低保障年金の創設が急がれる課題です。

　加えて、学生を含めた、休業・失業時の所得保障という課題があります。コロナ禍では、非正規雇用者やフリーランスの休業・失業時の生活保障制度の不備が浮き彫りになりましたが、学生についても、奨学金やアルバイト収入なくして学業の継続、生活の維持は困難であることが「発見」されました。学生の生活はどのようにして守られるべきか、学生には雇用保険制度が適用されないことは今日でも妥当なのか、再考が必要です[16]。

〇同一労働同一賃金、均等待遇

　全体の底上げとあわせて格差是正のためには、同一（価値）労働同一賃金、均等待遇の実現が必要です。現状は、非正規雇用であるから、ということをもって、賃金が不当に低く決定されています。

　2012年の改定労働契約法では、第20条で、有期雇用（≒非正規雇用）労働者であることを理由とした不合理な労働条件の禁止が定められました。その後、パートタイム労働法にも同様の規定が設けられ、そして、両者は、2020年4月1日施行のパートタイム・有期雇用労働法で統合されました。不合理な待遇の禁止、差別的取扱いの禁止がうたわれました。

　もっとも、同法でうたわれている考えは、欧州型の同一労働同一賃金——すなわち、「技能・資格」「責任」「業務量・負荷」「労働条件」といった評価項目で職務分析・評価を行い、産業別労働協約で企業横断的に賃金が決定されるのとは異なります。日本では、職務遂行能力というあいまい

---

[15]　ハンディな遠藤公嗣・河添誠・木下武男ら『労働、社会保障政策の転換を——反貧困への提言』岩波書店、2009年など参照。
[16]　この問題については濱口桂一郎「（緊急コラム）労働政策対象としての学生アルバイト」『労働政策研究・研修機構（JILPT）』2020年5月7日配信を参照。

な能力（しかも潜在的な能力を含む）で賃金の決まる余地が残されています。結果、有為な人材の確保のために、という理由で格差も正当化される状況にあります。職能給・職務遂行能力の考え方や個人査定のあり方を見直していくことが必要でしょう。

　一方で、こうした限界、法の不備を踏まえつつ、労働契約法第20条を活用して非正規雇用者の処遇改善を目指す裁判（20条裁判）が労働組合によって提起され、成果もあげられています。とりわけ、その不支給が不合理であることが共通認識となりやすい「手当」を中心に格差を禁止する流れは定着したように思われます。一時金や退職金については原告が敗訴となるなど楽観は全くできませんし、法改定も急がれますが、それには、格差是正に関する労働組合の不断の取り組みが必要ではないでしょうか。あらゆる待遇が評価の対象となり、個々の待遇ごとに検証が求められ、なおかつ、使用者への説明義務が強化された新法はフル活用されているでしょうか。正規雇用、非正規雇用を問わず賃金の水準と支給の根拠をすべて開示・説明させるなど職場の賃金格差の実態把握をまずは進めましょう。

　（1）関連して二点を補足すると、第一に、ジョブ型雇用の導入による非正規雇用者の処遇改善に対する見解で混乱がみられるようです。

　成果主義をジョブ型雇用と同義であるかのようにした企業の主張・新たな労務管理は論外ですが、従事している仕事に焦点をあてて処遇の改善を迫ること（仕事と賃金の関係を透明化させること）、なおかつ、職務分析・評価に労働組合が関与すること（労働組合による強力な規制の存在）を前提とするならば、ジョブ型の視点は否定されるものではないと思われますがどうでしょうか。例えば、ジェネラリスト型の正規公務員に対して、特定の仕事や専門性の高い仕事に従事している非正規公務員問題を解決するのに使うことが具体例として想起されます。

　ゼロからのスタートではなく、職能給と職務給が混在した状況下で問題の是正を図っていく以上、困難が予想されますが、正規雇用者も非正規雇用者も巻き込んだ労働組合による集団的な対応の見せ場ではないでしょう

か。賃金の決め方に労働組合が積極的に関わっていくことが必要です[17]。

　（2）第二に、賃金に限ったことではありませんが、ディーセントワークの戦略目標に横断的課題として組み込まれた、ジェンダー平等の視点が強調される必要があります。男性が世帯の主たる稼ぎ主として働き、女性が家事・育児を担いながらパートなど非正規雇用で家計を補助するという固定的な役割分業を前提にした生活保障のありかたは根本から見直される必要があります。介護や保育など女性向きと社会でみなされている仕事の賃金が低いことも是正が不可欠です。2022 年から始まった、女性活躍推進法に基づく男女の賃金格差の公表制度も、格差の実態を把握し、改善を進めていく上で有効活用すべきでしょう。

〇公的職業訓練の拡充と、労働教育・立法の取り組み
　二種類の教育の必要性が示唆されます。
　一つは公的な職業訓練機会の拡充です。リスキリング（学び直し）が提唱されています。「労働移動の円滑化」がリスキリングとセットになっている点には賛同しかねますが、職業能力の形成、OJT の機会が少ない非正規雇用者には、公的な職業訓練の機会の増大は有効だと思われます。
　若年層に焦点をあてると、就職氷河期のような状況——ピーク時には 4 人に 1 人、年間で 15 万人もが非正規・一時的な仕事・無業者等で大学を卒業せざるを得なかったような状況（「学校基本調査」）——は改善されたとはいえ、非在学者で非正規雇用で働く者（男女計）は、「15 〜 24 歳」で 78 万人、「25 〜 34 歳」で 226 万人です（「労調（詳細・第 I-5 表）」）。
　もちろん、働けばまともに生活していくことができる条件の整備は大前提です。また、どのようなかたちでリスキリングが展開されるにせよ、そのことの権利性や期間中の生活保障が必要です。リスキリングの前提がそ

---

[17]　『日本労働研究雑誌』第 755 号（2023 年 6 月号）の特集「ジョブをめぐる 2 つの論点」、『季刊労働法』第 281 号（2023 年夏季号）の特集「「ジョブ型雇用」——私はこう理解する」も参照。

もそも日本では整備されていませんから。その点で日本は、職業訓練など積極的な措置においても、雇用保険（失業給付）など消極的な措置においても、労働市場政策への公的支出が全般的に小さく（JILPT『データブック国際労働比較』）、その是正が必要です。

いま一つには、当事者のエンパワーメントも組み込んだ労働教育・ワークルール教育の必要性とそのための立法の取り組みです[18]。

NHKの調査によれば、「労働組合をつくる」ことが憲法によって保障された権利であることを知る者の回答は、1973年には39％だったのが、2018年には20％を割りました（NHK「日本人の意識調査」）。労働法・労働組合を市民社会に定着させることが課題です。早い者は高校生で、多くは大学生で、アルバイトを通じて仕事の世界に入っていきます。就労意欲を喚起するキャリア教育は行われていても、労働法や労働者の権利教育は、問題意識をもった一部の教員による実践にとどまるのが教育現場の実態ではないでしょうか。2014年に制定された過労死等防止対策推進法にもとづく啓発事業（「過労死等防止対策等労働条件に関する啓発事業」）が全国各地で展開されていますが、若者の過重労働・過労死問題の深刻さに対して十分ではありません。

個々の教員・学校任せではなく、立法による条件整備が課題です。ワークルール教育推進法・条例づくりの取り組みが待たれます。

おわりに

「新しい資本主義」、「異次元の政策」などという大言壮語に踊らされがちですが、まずは現状をしっかり把握すること。あわせて問題の原因を探ること、すなわち、失われた30年で何が起きたかの検証が必要ではない

---

[18] 理論においても実践においても、このテーマの第一人者であった故・道幸哲也氏（労働法学者）の著作を参照。

でしょうか。その上で、過去の経験や外の世界にも目を向けて、問題解決の方法を学び取っていくことが今求められています。

　グローバル経済への対応には「この道しかない」と言わんばかりに追求されてきたコストカット型経済、新自由主義政治ですが、果たして、この道しかなかったのでしょうか。日本は未批准なものが多い ILO の国際労働基準（ILO 条約・勧告）や、EU の労働政策・労働指令（本書テーマとの関連で言えば、パートタイム労働指令・有期労働指令・派遣労働指令）などをみると決してそのようなことはありません [19]。日本の雇用・労働のルールは、グローバルスタンダードではなかったことが理解されるでしょう。労働組合運動も然り。労働争議件数・損失日数の国際比較データからも分かるとおり、労働側の規制力を欠いた労使協調主義が雇用・労働条件の改善や経済の成長をもたらすわけでは決してないのです。

　コストカット型経済、新自由主義政治を転換し、働きがいのある人間らしい仕事と日本経済の再生を私たちの力で実現していきましょう。

---

[19]　筒井晴彦『8 時間働けばふつうに暮らせる社会を――動くルールの国際比較 2』学習の友社や同氏が雑誌『学習の友』で連載している「グローバルに見る」のほか、EU については、濱口桂一郎『新・EU の労働法政策』労働政策研究・研修機構、2022 年などを参照。

第Ⅱ部

〈現場からの報告〉

国の機関を支える不安定就業労働者

国公労連書記次長　笠松 鉄兵

1　はじめに

　国の機関では、国民のいのちや暮らし、権利などを守るために常勤の国家公務員約59万人（一般職約29.2万人、大臣や国会・裁判所・防衛省職員などの特別職約29.8万人）、非常勤の国家公務員約15.9万人、それ以外にも多くの委託労働者などが働いています。

　他方、国の仕事は税金を使って行っているため、しばしば、行政機関のあり方やそこで働く公務員の体制の問題が取りざたされ、省庁再編や民営化・民間委託化、独立行政法人化、くわえて過剰な定員（人員）削減がすすめられてきました。しかも、「行政改革」では、行政の役割やその質の議論を抜きに、効率化自体が目的とされ、国民の権利保障を担うという機能が十分果たせないまでに、組織や体制がそぎ落とされてきました。

　一方で、公務の役割と重要性も再認識されるとともに、国民生活が脅かされる昨今、行政に対するニーズは日々高まっています。このような行政ニーズの増大とこの間の定員（人員）削減も相まって職員1人あたりの業務量が増加するとともに、業務も高度・複雑・困難化しています。そうした行政ニーズの増大などに対応するため、本来は常勤職員を雇用して対応すべきところを国では多くの非常勤職員や委託労働者などを雇用するなどして脆弱になった行政体制を補完し、公務・公共サービスを維持しようとしてきました。こうした労働者は、常勤職員と同様に行政を支えていますが、処遇は劣悪で、雇用も不安定な状況に据え置かれています。こうした実態は世間で「官製ワーキングプア」と揶揄されています。民間では均

国の機関を支える不安定就業労働者

等・均衡待遇措置が法律で義務づけられていますが非常勤職員には十分な
措置は講じられていません。雇用に関しては、無期転換申込の権利すらあ
りません。こうした実態が行政の専門・継続性に負の影響を及ぼしている
ことは否めません。

2　国の非常勤職員制度の現状と課題

（1）非常勤職員の分類と数

　国においては、常勤職員と非常勤職員との区分は、勤務形態により行わ
れています。常勤職員は「常時勤務に服する職員」、非常勤職員は「常時
勤務をすることを要しない職員」です。

　非常勤職員は一般職の国家公務員ではありますが、給与法の適用を受け
る職員もいれば、そうでない職員も存在しています。

　ここでは、後者をとりあげます。給与法の適用を受けない非常勤職員は
「期間業務職員（常勤の 3/4 時間以上
勤務）」と「その他の非常勤職員
（常勤の 3/4 時間以下勤務）」に分類
されます。2023 年 7 月 1 日現在の
非常勤職員の職名と数は右表のとお
りです。そのうち期間業務職員は 3
万 7905 人、期間業務職員以外が 11
万 9497 人となっています。

　また非常勤職員は、「内閣の機関
（内閣官房及び内閣法制局）、内閣府
及び各省の所掌事務を遂行するため
に恒常的に置く必要がある職に充て
るべき常勤の職員」ではないことか
ら「行政機関の職員の定員に関する
法律（総定員法）」が適用されず定

職名別非常勤職員数（2023 年 7 月
1 日現在）

職　　名	職員数（人）			
	計		合計に占める割合（%）	
		うち女性	計	うち女性
事務補助職員	32,861	29,035	20.88	38.50
技術補助職員	1,278	362	0.81	0.48
技能職員	1,562	484	0.99	0.64
労務職員	535	340	0.34	0.45
医療職員	4,421	1,034	2.81	1.37
教育職員	421	227	0.27	0.30
専門職員	4,577	1,702	2.91	2.26
統計調査職員	6,333	1,545	4.02	2.05
委員顧問参与等職員	22,283	5,750	14.16	7.62
その他職員	93,131	34,934	52.81	46.32
合計	157,402	75,413	100.00	100.00

（注 1 ）非常勤職員数には、再任用短時間勤務職員及
び育児短時間勤務に伴う任期付短時間職員は含まな
い。
（注 2 ）その他職員のおもなものは保護司（46,739 人）、
職業相談員等（29,718 人）、水門等水位観測員（4,231 人）
である。
（出所）一般職国家公務員在職状況統計表

員外職員に分類されます。

（2）非常勤職員制度が存在する背景──定員管理と密接に関連

　非常勤職員制度の歴史的変遷をみると、国家公務員の定員管理と密接な関連があることがわかります。

　1949年に国家行政組織法が施行、これにもとづいて行政機関職員定員法（定員法）が制定され、常勤職員の定員の枠（人員数）が厳格に運用されたため、常勤以外の臨時職員は定員外職員として、新たに人事院規則で新設された「非常勤職員（常勤職員の一週間の勤務時間の3/4を超えない範囲の短時間勤務者）」として任用されました。

　さらに、増加する公共事業などで短時間勤務の非常勤職員のみでは労働力を確保できなくなったため、1950年に人事院規則を改正し、「日々雇用職員（1日8時間を超えない範囲）」を非常勤職員に付け加えました。この日々雇用職員は、任期を1日として自動更新が可能な仕組みで、翌年には事務職にも適用されます。

　各省は常勤職員を増加させることが困難ななかで、急激に増加する業務に対応するために日々雇用職員制度を活用し、①非常勤職員を常勤職域に進出させ、常勤職員の勤務形態をとる、②短期雇用者の雇用期間を無制限に更新し「常勤労務者」という公務員を採用するなどの対応をとりました。そのため、1953年ころより、実態として常勤職員と同様の勤務形態で長期に勤務する非常勤職員が増加します。

　政府は、こうした状態を解消するために数次にわたり定員法を改正し、常勤化した非常勤職員を定員に繰り入れるとともに、1961年に定員法を廃止して、国家行政組織法で「常勤職員」の定員を確定します。そうしたなか、①会計年度の範囲内で任用予定期間を定めること、②任用予定期間が終了したときにはその者に対して引き続き勤務させないよう措置することなどを盛り込んだ「定員外職員の常勤化の防止について」も閣議決定（1961年）されました。

その後も、各省庁は常勤化防止を意識しながら非常勤職員を採用するとともに、政令で別途定員を増加させ、これを既成事実として正規の定員を増加させるという方法をとったため、政府は、1969年に行政機関の職員の定員に関する法律（総定員法）を制定し、恒常的に置く必要のある職にあてるべき常勤職員の定員の総数（上限）を法律で決めました。

総定員法でその上限を超える常勤職員の採用が困難となる一方、相次ぐ定員削減や新規業務に対応するため、各省庁は、日々雇用職員という非常勤職員を採用し続けました。

日々雇用職員の雇用をめぐっては、常勤化防止の閣議決定によって、雇い止め問題が日常化する一方で、公務職場に不可欠な存在であることから、年度を超えた雇用が実態化するなど、職場では矛盾を深めていました。

こうした問題の解決を求めた労働組合の長年のたたかいの結果、2010年から期間業務職員制度が導入されます。この制度は、従来の「日々雇用」の任用形態を廃止し、任期は1年限度の有期雇用とされたものの、更新が可能な制度であり、日々雇用という特殊な雇用形態が解消されるとともに、常勤化防止の閣議決定が空文化することになりました。

しかし、この制度も過剰な公募や乱暴な雇い止めなど、管理者の運用によって、新たな雇用問題が職場で生じています。

（3）身分は国家公務員、しかし法的根拠はあいまい

非常勤職員については、国家公務員法では何の規定も設けられていません。それは国家公務員法で常勤職員と非常勤職員とを区別する必要がないからです。すなわち、非常勤職員も一般職の国家公務員で、換言すれば、憲法で保障された労働基本権が制約され、労働基準法などの労働法の適用を除外された労働者です。

しかし非常勤職員の任用や労働条件などについては、国家公務員法ではなく人事院規則でわずかに規定されているだけで法律上の位置づけがあいまいで、それ故に多くの問題が発生しています。そのうえ、労働基本権制

約の代償措置である人事院勧告も常勤職員の労働条件が中心であり、非常勤職員の労働条件、とくに給与については、事実上埒外におかれています。

　現在、国家公務における非常勤職員制度について、少しずつ改善がはかられてきていますが、根本的な改善は先送りされているのが現状です。

（4）恣意的な運用が可能

　採用手続きについては、国家公務員法第33条で「受験成績、人事評価又はその他の能力の実証に基づいて行わなければならない」とされ、その方法について第36条で「競争試験によるものとする」とされています。すなわち、常勤職員になるには人事院が行う採用試験に合格することが必要ということです。これは、国家公務員の採用が個人的感情や一部の圧力などに左右されないよう客観的基準によって「能力本位の原則」で行うことを規定したものです。

　しかし、非常勤職員の採用は、国家公務員法の規定ではなく、人事院規則8-12で「非常勤職員の特例（第46条）」を設け、「面接、（及び）経歴評定その他の適宜の方法による能力の実証を経て行うことができる」としています。そのため、非常勤職員の採用や更新にあたって、管理者の恣意的な運用が解消されないのが実態です。

（5）不十分な身分保障と「雇い止め」

　国家公務員には、不当な圧力に左右されず法令にもとづいて公正・中立な職務の遂行を確保するために、人事院規則で身分保障規定を設けています。規則は、第1条で「官職の職務と責任の特殊性に基づいて」規則を定めるとして、第2条で国家公務員法第27条の「平等取扱の原則」、第74条の「分限の根本基準」、第108条の7の「職員団体にかかわる不利益扱いの禁止」の規定に違反して、いかなる場合も「職員を免職し、又は降任し、その他職員に対して不利益な処分をしてはならない」と規定しています。　この身分保障は、非常勤職員にも適用されていますが、現実に身分

保障が十全に及んでいるのは常勤職員だけです。というのも、非常勤職員の身分は、1年以内の有期雇用であり、採用や更新が実態上、任命権者の掌中にあるため、労働法が適用されている民間の労働者以上に不安定なのです。また、労働契約法の無期転換ルールが適用されないため、非常勤職員は、雇い止めや更新にかかわる雇用不安を常に抱えざるを得ません。それが、非常勤職員が常勤職員に対して「自由にものが言えない」職場環境をつくりだしている最も大きな要因となっているのです。

　そもそも国家公務員の任用（任命）が民間労働者の労働契約と同等に扱うことができないことが雇用不安を増幅させる要因でもあります。労働契約は、労働契約法第3条で「労働契約は、労働者及び使用者が対等の立場における合意に基づいて締結し、又は変更すべきものとする」とされているとおり、労使対等の契約です。しかし、国家公務員の任用は、採用、昇任、降任、転任すべて包含していて、公法における契約ではなく、「特定の人を特定の官職に就ける行為」として公務員の身分を付与する「行政行為＝公権力の行使」とされています。すなわち任命権者は、非常勤職員に対しては、採用も、雇い止めも、一方的に行うことが可能です。事実、毎年度末には、管理者の恣意的な乱暴な雇い止めが後を立たず、一部の府省では、任用更新が可能な期間業務職員についても一律3年もしくは5年で雇い止めを行っている実態もあります。

　それゆえに、職場の問題点を解決するためには、一方的な任用ではなく、身分保障の確立と労使対等の仕組みをつくることが必要です。

（6）職場に混乱招く期間業務職員の公募

　2010年から導入された期間業務職員制度は、更新が可能であり、単年度での乱暴な雇い止めを抑止する効果はありますが、更新にあたって職場に混乱が生じています。

　人事院規則では、非常勤職員の採用にあたっては、公募を要件としているのですが、第46条2項で「能力の実証を面接及び期間業務職員として

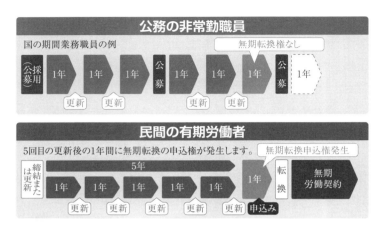

の従前の勤務実績に基づき行うことができる場合であって公募による必要がないときとして人事院が定めるとき」を例外としていて、人材局長通知で「公募によらない採用は同一の者について連続2回を限度とするよう努めるもの」とされています。とくに期間業務職員が多く配置されている公共職業安定所（ハローワーク）の窓口には、職業相談や求人開拓、失業給付、助成金担当など、経験を蓄積することが求められる職種が多く、そのため、社会保険労務士や産業カウンセラー、キャリアコンサルタントなどの有資格者が多数配置されています。

　これらの非常勤職員は、資格も経験も十分あり、職場で必要とされているにもかかわらず、機械的に公募を実施するため、①公募によって期間業務職員が常に雇用不安を抱えること、②公募をきっかけとして管理者が恣意的に契約更新しない例が後を絶たないこと、③管理者の対応によっては、職場の人間関係が悪化すること、④公募で多数の応募があっても、結果的に経験を有する職員が再採用されるケースが多く、求職者に無用な応募をさせること、⑤年度末の多忙な時期に面接や採用業務が膨大となり通常業務にしわ寄せがあることなど、多くの問題が生じています。

　公共職業安定所（ハローワーク）は、良質で安定した雇用機会を国民に提供するための公的機関であり、民間事業所に対しても従業員の正社員化

や無期雇用への転換を推進しているにもかかわらず、そこで働く公務員の
ほとんどが非正規であり、労働契約法の「5年無期転換権」も認められて
いないため、マスコミ・識者などから「まるでブラックジョークだ」と批
判されています。このように機械的な公募が人権問題であるとの認識が広
まるとともに、マスコミも「パワハラ公募」と強烈に非難するなど、内外
の関心が集まっています。

3　おわりに

　国公労連が毎年秋にとりくんでいる「非正規で働く仲間の要求アンケー
ト」でも非常勤職員の多くが雇用不安を抱いている実態が明らかとなって
います。職場の不満について、1番目が「雇用契約を更新されないのでは
ないか（64.6％）」、2番目は「職場や仕事がなくなるのではないか
（29.7％）」、3番目は「退職金がない・少ない（29.0％）」、4番目は「賃金が
安い（20.2％）」5番目は「正社員との賃金・労働条件の格差（19.3％）」と
いう結果となっており、雇用不安を指摘する回答が群を抜いています。

　以下に組合員の声を紹介します。

　・私はハローワークで主に職業訓練、就職支援、雇用保険の手続き関係
の業務を行っています。私が担当する業務には、①業務に関する高い専門
的知識、②職業に関するカウンセリング技術、③心の悩みなどのカウンセ
リング能力、④様々な関係機関に対する折衝能力、⑤幅広い知識と蓄積さ
れた経験の5点が必要不可欠です。

　複雑な家庭環境や金銭問題、メンタル疾患や障害などの問題を抱える方
も日常的に来所されます。心の悩みにも耳を傾けながら、窓口に来られた
方のニーズを把握していく、とても難しい対応を日々求められるのです。

　また、失業給付の手続きを受け付けるためには、当然、雇用保険の知識
が必要です。再就職先でのトラブルや労働条件等で相談を受けたら、最低
限の労働基準法の知識も求められます。

このような職場で、単に年数によって公募を行うことは、業務の特殊性や実態を見ないばかりか、利用者を全く無視した取り扱いだと考えます。今すぐ公募は撤廃してください。

（ハローワーク就職支援ナビゲーター：期間業務職員）

　・私は、公共事業の必要性を広報する仕事を行っていました。各地から訪れる皆さんにわかりやすく理解して頂くために、現地で「紙芝居」を使って説明したり、小学生とお手紙のやり取りをしたり、いろいろと工夫しながら誇りをもって仕事に取り組んできました。

　しかし、こんな形で退職を強いられ、非常に残念です。今回の公募面接は明らかに違っていました。求人票にも記載のない「パワポや表計算」の能力を問われ、「紙芝居をパワポにしたらどうか」とまで言われました。「野外での広報活動で電源も無いので難しい」と答えましたが、今考えると不採用にするための質問だったと思います。現場を一度も見ていない人に、どんな思いで広報業務を行っているのかわかるのでしょうか。他の期間業務職員の面接でも「なぜ公募に応募したのか」「他を受けないのか」など、不採用にしたいがための質問を繰り返したそうです。私の不採用理由を所属長に聞くと「経歴だけ見た」と言われました。この間の仕事の経験はまったく評価されないことがわかりました。今回のことで鬱になりそうなくらい心が折れています。心の整理がつかない状態でも生活のために求職活動もしなくてはなりません。広報業務はこれからも継続すると言っています。仕事があるのになぜ公募を行うのか理解できません。（国土交通省の地方出先機関勤務：期間業務職員）

　現在、政府は非正規雇用労働者の格差是正と正規化の推進を掲げていますが、お膝元の職場の問題も解決すべきではないでしょうか。

自治体に広がる不安定な働き方

自治労連中央執行委員　嶋 林 弘 一
（しまばやし ひろかず）

1　増え続ける非正規公務員

　地方自治体でも職員の非正規化が進んでいます。そもそも住民の生活を支える自治体の業務は、任期の定めのない常勤職員を中心とする行政運営を基本としてきました。

　ところが、2005年からの「集中改革プラン」をはじめとする度重なる行革、「小さな政府」「規制緩和」「官から民へ」といった「構造改革」路線のもと、自治体では、定員削減がすすめられてきました。一方、増え続ける行政需要へ対応するため、本来、正規職員が行うべき業務を非正規公務員に担わせる"置き換え"が進められ、実質的には恒常的に任用される非正規公務員が急増しました。

　総務省は、臨時・非常勤職員の実態について、2005年、2008年、2012年、2016年、そして会計年度任用職員制度がスタートした2020年に調査を行っています。地方自治体における非正規公務員の推移は表のとおりとなっています。

　職種は多岐にわたり、住民の暮らしに関わるあらゆる分野で非正規公務員が配置されているといっても過言ではありません。表では具体的職種名は挙がっていませんが、消費生活相談員や婦人相談員など住民の困難に寄り添う職も、ほとんどは非正規となっています。

　2005年では、常勤職員は304万2122人に対して非正規公務員は45万5840人、2020年では、常勤職員は276万2020人に対して非正規公務員は69万4473人。2005年から2020年までの15年間で常勤職員は28万人の

地方公務員における臨時・非常勤職員数及び職員数の状況について

（人）

職　種	2005年	2008年	2012年	2016年	☆2020年
一般事務職員	112,315	119,682	149,562	159,827	187,693
技術職員	7,147	7,444	8,855	9,473	—
医師	9,955	9,241	8,743	8,688	☆1,451
医療技術員	7,216	8,633	10,969	11,934	12,551
看護師等	21,312	23,485	25,947	28,213	☆16,911
保育士等	79,580	89,409	103,428	100,030	☆57,937
給食調理員	35,313	37,334	39,294	38,069	34,511
技能労務職員	57,926	53,919	59,254	56,816	63,430
教員・講師	46,530	57,381	78,937	92,671	97,856
図書館職員	—	—	—	16,558	18,185
その他	78,546	91,268	113,988	122,446	203,948
合　計	455,840	497,796	598,977	644,725	694,473
正規職員数	3,042,122	2,899,378	2,768,913	2,737,263	2,762,020
非正規率（％）	13.03	14.65	17.78	19.06	20.09

（注1）臨時・非常勤職員は、「任用期間が6ヶ月以上、かつ1週間当たりの勤務時間が19時間25分（常勤職員の半分）以上」の職員の人数。図書館職員は、2016年の調査から。
（注2）☆2020調査は、技術職員なし。「看護師等」ではなく「看護師」。「保育士等」ではなく「保育所保育士」。「医師」は特別職非常勤職員のみのデータ。
（出所）総務省調査より筆者作成

増え続ける非正規公務員

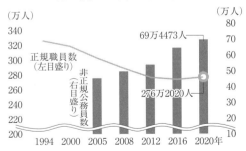

（出所）正規職員数は総務省「地方公共団体定員管理調査結果」各年版、非正規職員数は同「会計年度任用職員制度等に関する調査結果」

削減に対し、非正規公務員は約 24 万人増加しています。総務省調査の結果からも、非正規公務員への置き換えがすすめられた実態が明らかとなっています。ちなみに非正規率（全職員数に占める非正規職員数）は 2005 年の 13.03％から 2020 年は 20.09％へと増加しています。また、2020 年度の総務省調査では、勤務時間が週 19.5 時間未満の職員等も含めると、非正規公務員は 112 万 5746 人であることが明らかになっています。

そして、男女比率について、正規職員は 6：4 であるのに対して、会計年度任用職員は実に 4 分の 3 以上が女性となっています。官製ワーキングプアと揶揄されるほどに会計年度任用職員の賃金水準は低く、男性が多くを占める正規公務員と女性が大多数の非正規公務員との賃金や処遇の格差は、すなわちジェンダー格差であると言えます。ジェンダー問題の視点からも、会計年度任用職員の処遇改善が極めて重要な課題となっています。2023 年からは自治体でも男女賃金格差の公表が始まりましたが、正規と非正規の格差を正しく反映した公表と的確な対応が求められます。

2　期待を裏切った会計年度任用職員制度

増加の一途をたどる非正規の地方公務員ですが、これまで任用根拠が旧地方公務員法 3 条 3 項（特別職非常勤）、同 17 条（一般職非常勤）、同 22 条 2 項（臨時的任用）とさまざまで、その運用も、同じ職種でも自治体によってまちまちでした。こうした任用根拠を整理し、2020 年 4 月の地方公務員法改正では、特別職非常勤は「専門的な知識経験等に基づき非専務的に公務に参画する職」で、助言、調査、診断等を行う労働者性の低い職に限定、臨時的任用職員は「常時勤務を要する職に欠員を生じた場合」に限定、これら以外のすべての職を新たに「会計年度任用職員」に位置づけました。

会計年度任用職員制度のもう一つの趣旨は、自治体に働く「非正規職員の処遇改善」のはずでした。しかし、実態は改善どころか、これまでより悪化した例が全国各地から報告されています。おもなものを紹介します。

①期末手当を支給することが可能とされたが、これと引き替えに月例給を減額され、年収増につながらなかった。

②これまでの前歴や経験年数がまったく考慮されない低い賃金水準や、最低賃金法が適用除外となり地域別最低賃金を下回るなど、極めて低い賃金水準が放置された。

③正規職員と比べて1日当たりの勤務時間がわずかでも短ければ退職手当を支給できない制度であり、退職手当の支給を回避するため、意図的に1日あたりわずか15分だけ短い勤務時間等が設定された。

④賃金水準、各種手当、特別休暇の日数や有給無給など、正規職員と会計年度任用職員との不合理な格差が数多く残された。

⑤「任期の満了」を理由とした事実上の雇い止めや、公募によらない再度の任用の回数制限等の運用が厳格化されたことによる雇用不安が増大した。

とくに、⑤については、“会計年度ごと”の任用がことさら強調され、総務省が示した「会計年度任用職員制度の導入等に向けた事務処理マニュアル（以下「総務省マニュアル」という。）」を地方自治体が曲解し厳格運用したことによって、多くの自治体で年度末をもって「雇い止め」が発生するなど、雇用の不安定化がいっそう激しくなっています。

【参考】会計年度任用職員制度の導入等に向けた事務処理マニュアル（第2版、平成30年10月）より。

（ア）再度の任用の位置付け

…（略）…会計年度任用職員はその任期を1会計年度内としていますので、会計年度任用の職は<u>1会計年度ごとにその職の必要性が吟味される「新たに設置された職」</u>と位置付けられるべきものです。

会計年度任用の職に就いていた者が、任期の終了後、再度、同一の職務内容の職に任用されることはあり得るものですが、「同じ職の

任期が延長された」あるいは「同一の職に再度任用された」という意味ではなく、あくまで新たな職に改めて任用されたものと整理されるべきものであり、当該職員に対してもその旨説明が必要です。

（イ）再度の任用についての留意事項
　…（略）…地方公務員の任用における成績主義や平等取扱いの原則を踏まえれば、繰り返し任用されても、再度任用の保障のような既得権が発生するものではないことから、会計年度任用の職についても他の職と同様に、任期ごとに客観的な能力実証に基づき当該職に従事する十分な能力を持った者を任用することが求められます。

Q＆A
（問）会計年度任用職員について、再度の任用が想定される場合であっても、必ず公募を実施する必要があるか。
○　その際、選考においては公募を行うことが法律上必須ではないが、できる限り広く募集を行うことが望ましい。例えば、国の期間業務職員については、平等取扱いの原則及び成績主義を踏まえ、公募によらず従前の勤務実績に基づく能力の実証により再度の任用を行うことができるのは原則2回までとしている。その際の能力実証の方法については、面接及び従前の勤務実績に基づき適切に行う必要があるとされている。

※アンダーラインは筆者。

　これを「公募は必須」と曲解して公募を厳格に実施する自治体が続出しました。とくに、会計年度任用職員制度が始まって3年が経過する2023年3月は、国にならって一斉公募を実施する問題（私たちは「3年目の壁」問題と呼んでいます）が全国各地の自治体で起こりました。私たちはこれに先立ち2022年に、全国規模で当事者へのアンケートに取り組みまし

た。寄せられた回答は2万2401件で、その半数以上は、制度導入以前から5年ないし15年以上も働き続けている経験豊富な当事者からでした。

　こうして、会計年度任用職員制度以前から長年にわたって当該業務に従事し、豊富な知識と経験で住民に信頼されていた職員も一律に公募に付され、翌年度採用されなかった例も数多くありました。困窮する住民に寄り添う相談員の職などでは、信頼を寄せていた職員がいなくなれば、ふたたび元どおりの信頼関係を築くまでに相当の困難がありますし、当然ながら、長年の知識と経験を持った職員が任用されないことによる住民サービスの低下は火を見るより明らかです。

　私たちは、会計年度任用職員制度創設当初からこのような危険性を指摘し、総務省へも、自治体へも、公募によらない再度の任用を原則とするよう求めてきました。

　総務省はその後、2022年12月23日の通知「会計年度任用職員制度の適正な運用について」で「客観的な能力の実証の一要素として、前の任期における勤務実績を考慮して選考を行うことは可能である」「他に応募可能な求人を紹介する等配慮をすることが望ましいこと」と、公募が必須ではないことを改めて示し、Q＆Aも「同一の者について連続2回を限度とするよう努めるものとしている」と修正されました。また、2023年12月27日にも再度同趣旨の通知を出しています。しかしこれ以降も、東京都教委のスクールカウンセラーなど、公募によって住民・子ども・保護者から信頼を得ている知識・能力・経験を有する職員が不採用となるなど、通知を曲解したまま厳格運用を撤回しない自治体も続出しています。

3　脱法的な「雇い止め」も続出

　労働災害で休業中の職員が、3月31日をもって"雇い止め"とされた例もあります。労働基準法第19条（解雇制限）では、「使用者は、労働者が業務上負傷し、又は疾病にかかり療養のために休業する期間及びその後30日間並びに産前産後の女性が第65条の規定によって休業する期間及び

その後 30 日間は、解雇してはならない」と定めています。会計年度任用職員を含む一般職の地方公務員にはこの規定は適用されますが、自治体当局の説明は、解雇・雇い止めではなく「任期の満了」と言い切り、翌年度の任用を約束したものではないとして、脱法的な運用となっています。

　また、妊娠・出産・育児休業中の職員が、再度の任用を拒否される事案も多く発生しています。

　総務省マニュアルＱ＆Ａでは

> 問 11 － 1　育児休業をしている会計年度任用職員を再度任用しなかった場合、不利益取扱いに当たらないのか。
> ○ 育児休業をしている職員であっても、再度任用する際には改めて能力の実証を行う必要があり、結果として再度任用されなかったとしても、そのことのみで不利益取扱いに当たるものではない。

としており、自治体当局は「新年度に当該業務に従事できないことが明らか」とし、新年度に業務遂行できないことを理由としています。この事例では、Ｑ＆Ａの後段に

> ○ しかし、再度任用の際に、例えば育児休業をしている（していた）ことを理由として任用しないこととする取扱いは地方公務員育児休業法第 9 条に照らし認められない。
> ○ なお、産前産後休暇を取得している職員についても、地方公務員法第 13 条の規定により、産前産後休暇を取得している（していた）ことを理由として任用しないこととする取扱いは認められない。

と書かれていることを指摘して、組合に相談のあった事例では雇い止めを撤回させることができましたが、労働組合にも相談できず、明るみに出ることなく諦め、泣き寝入りしてしまった事例は枚挙にいとまがないと思われます。

4　安心して働き続けられる制度運用を

　総務省は、公募の必要性について、「地方公務員法に定める平等取り扱

いの原則や成績主義を踏まえ、できる限り広く募集を行うことが望ましい」との姿勢を崩していません。地方自治体も基本的にこの姿勢に追随しています。しかし、平等取扱いの原則・成績主義とは、採用その他人事上の取扱いについて、憲法第14条（法の下の平等）に基づいて、情実人事や恣意的な取扱いを禁止するものであると考えます。新たな採用に際して縁故採用などによる人事の不公正を排除し、その後の人事・給与などの取り扱いについても恣意的な運用を排除するためのものと解すべきです。公募を実施するのは、新たな職を設置する場合や増員する場合、既存の職に欠員が生じた場合の採用のために限定すべきです。

　総務省は会計年度任用職員の職を「一会計年度ごとにその職の必要性が吟味される『新たに設置された職』と位置付けられるべきもの」としていますが、その多くが、正規職員が担っていた業務を非正規公務員に置き換えてきた経緯があります。現に会計年度任用職員が任用されている職のほとんどが、「相当の期間任用される職員を就けるべき業務に従事する職」であることは明らかであり、一定の期限に達したことをもって公募に付すなど道理がありません。「一定の期間内に終了することが見込まれる業務」や「一定の期間内に限り業務量の増加が見込まれる業務」であれば、「地方公共団体の一般職の任期付職員の採用に関する法律（平成14年法律第48号）に基づく「一般職任期付職員」「一般職任期付短時間職員」の制度を活用すればよく、これ以外の職は、任期の定めのない職員をもって充てるべきです。

5　任期の定めのない短時間公務員制度の創設を視野に

　安心して働き続けるためには、「任期の定めのない任用」であることが重要です。

　総務省は、「常時勤務を要する職」を、以下の（ア）及び（イ）のいずれの要件も満たす職としています。

　（ア）相当の期間任用される職員を就けるべき業務に従事する職である

こと（従事する業務の性質に関する要件）

（イ）フルタイム勤務とすべき標準的な業務の量がある職であること（勤務時間に関する要件）

そして、総務省マニュアルでは、（ア）の「相当の期間任用される職員を就けるべき業務に従事する職」に就くべき職員として「任期付職員」「任期付短時間勤務職員」を挙げています。「任期付職員」「任期付短時間勤務職員」とも、5年を超えない範囲で任期を定める（地方公共団体の一般職の任期付職員の採用に関する法律第6条）とされていることから、「相当の期間」が5年というなら、5年どころか10年、20年も事実上継続している職は「毎年吟味される職」などではなく、「任期の定めのない職」と整理されるべきです。

一方（イ）の「勤務時間に関する要件」については、総務省マニュアルでも「任期付短時間勤務職員」「再任用短時間勤務職員」「パートタイムの会計年度任用職員」が示されています。いずれも任期の定めのある職員です。つまり、現行の地方公務員制度のなかでは「任期の定めのない短時間勤務職員」が規定されていないのです。業務継続性を有しながらも業務の量（勤務時間）が常勤職員より短いのなら、「任期の定めのない短時間勤務職員」制度を創設し、安定雇用によって公務の質を向上させるべきです。私たちは、「任期の定めのない短時間勤務公務員」制度を速やかに創設することを求めると同時に、当面、現場の運用で、公募によらない再度の任用の回数上限を撤廃し、安心して働き続けられる運用を求めています。

正規職員も非正規職員も、住民の幸せを願って仕事をしている地方公務員に変わりはありません。すべての職員が、健康でイキイキと安心して働き続けられる制度と、このことに責任を持つ自治体をつくっていくことが、住民のいのちとくらしを守り、住民サービスの向上につながると考えます。すなわち、「公務・公共を、住民の手に取りもどす」第一歩として、さらなる運動が求められます。

製造現場における
非正規社員の雇用を守るたたかい

ソニー労働組合中央執行委員長・仙台支部執行委員長　松田　隆明

1　ソニー初の地方工場

　仙台テクノロジーセンター（仙台 TEC）は 1954 年 5 月、宮城県誘致第
1 号企業として多賀城市の海軍工廠跡地に設立されました。ソニーグ
ループ（当時は東京通信工業）初の地方工場で、フェライトの生産から始
まり、オーディオやビデオテープ、磁気ヘッドなど記録メディアとデバイ
スの材料開発から製造まで一貫生産できる工場として規模を拡張し、70
年初頭に県北（登米市、栗原市）に 4 つの子会社工場を建設、75 年から海
外進出、一時は「従業員 2000 人を超える県内最大級の事業所」と自負す
るまでに成長しました。

　しかし、90 年代に入るとリストラを本格化させ、東日本大震災で津波
が直撃するや大リストラを強行し規模を大幅に縮小しました。これまでに
県内 4 工場はすべて閉鎖・統合し、現在は設計・開発を担う事業会社ソ
ニーストレージメディアソリューションズ（SSMS）、製造会社ソニースト
レージメディアマニュファクチャリング（SSMM）などに分社化され、
LTO などテープメディア、ブルーレイなど光ディスクメディア、医療用
プリントメディアを生産しています。

2　分裂攻撃乗り越え、差別とたたかい六十余年

　ソニー労働組合仙台支部は、ソニーに社名変更した翌年の 1959 年 5 月
にユニオンショップのソニー仙台労働組合の名称で結成され、同年 8 月に
東京のソニー労働組合と合併して同労組の支部として活動しています。

製造現場における非正規社員の雇用を守るたたかい

安保闘争など労働運動が高揚するなか、ソニー労組は60年の年末一時金闘争で初のストライキを行いました。会社は翌年1月に協定破棄を行い、2月に組合員に対する暴行事件が発生し、3月に第二組合が結成されました。会社による組織的で激しい脱退工作のなか、ソニー労組は春闘も4月に時限スト、5月は全面24時間スト、78時間ストと8波にわたるストでたたかい、前進を勝ちとりました。しかし、6月には組合員に対する脅迫事件、7月には相次いで3件の不当解雇事件が発生し、組合活動家の隔離など、会社による攻撃は激しさを増して行きました。こうした不当な攻撃と差別に対し、ソニー労組は団結を固め、地域共闘の仲間と連帯して毅然とたたかい、労働委員会による不当労働行為の救済命令、裁判での勝利和解を勝ち取りました。

少数派第一組合に追い込まれましたが、グループ各社の非正規社員、派遣社員や退職者にも組合員資格を認める組合規約に基づき、全労働者の利益を視野に地域共闘と連帯して原則的な労働運動を貫いています。仙台TECは現在、事業会社SSMS、製造会社SSMMなど複数のグループ会社が入居する事業所になっています。

SSMMは本社を多賀城市におき、従業員数603名（22年4月1日現在）と公表しています。ソニー労組の調査では、社員のおもな構成は、正社員と定年再雇用契約社員、派遣社員です。SSMSの従業員数は非公開ですが、ソニーグループやSSMMからの在籍出向者、定年再雇用、派遣社員が働き、ソニー労組の調査では百数十名。派遣社員の人数は変動するもの全体の約1割です。

会社は多様な労働者が「一丸となって」と強調します。正社員は「ジョブグレード制度」と称する役割給（職務給）により、等級間格差、グループ間格差が拡大。再雇用社員は定年前と同じように働いていても大幅な賃金削減を強いられています。時間外割増、傷病休職の期間も会社間格差があり、不満の声がソニー労組に寄せられています。

有期者社員から置き換えられた派遣社員は、これまで雇用の調整弁とさ

れ、現在も生産状況に左右され、不安定・低賃金労働の苦しい状況強いら
れています。

3　有期契約の仲間を組織し雇用と権利を守る

　リストラ「合理化」は、非正規雇用、正社員の順で繰り返されてきまし
た。仙台 TEC は 1994 年、パートなど有期雇用社員に対していっせいに
契約更新打切りを通知しました。多くが 60 年代から 70 年代に 1 年契約で
パート採用され、20 年を超えて反復更新し、低賃金を押し付けられなが
らも懸命に働いてきた人たちばかりです。仙台支部は「差別は許されな
い」と訴えて反撃し、多くの有期社員を迎えて、たたかいに立ち上がりま
した。労働局への指導要請で実態を訴え、会社門前でのビラ宣伝など世論
と運動で会社を包囲し、95 年の団交で新制度による契約と退職加算金増
額などで合意し、契約打切り撤回に追い込みました。

　新制度で契約した仲間は、その後も毎年賃上げを勝ち取るとともに、98
年に 55 歳定年扱いから 60 歳までの雇用延長、さらに 2006 年には正社員
同様の 65 歳までの再雇用制度を実現しました。

4　早期退職・追い出し部屋で正社員リストラ

　有期社員に対して退職加算金などの条件が示されましたが、正社員に対
しても 96 年頃から「セカンドキャリア支援」の名称で早期退職の募集が
毎年繰り返されるようになります。また「キャリア開発」という名目でみ
ずから異動先や転職先を探す「追い出し部屋」が密かにつくられました。

　ソニーは 99 年 3 月、「21 世紀に向けたソニーの企業改革」を発表し、
「エレクトロニクス事業の強化・再編を図る」として 2002 年度末までに事
業所数を 70 か所から 55 か所に集約、グループ約 17 万人を約 10%削減す
るリストラ計画を打ち出しました。

　仙台 TEC では 2000 年に製造子会社・ソニー宮城が設立され、製造機
能を業務移管し、期限の明示のない在籍出向が横行するようになります。

76

製造現場における非正規社員の雇用を守るたたかい

02年には源流とも言えるデバイス事業を福島県や県北の子会社に移管し、「キャリアインキュベーションセンター（CIC）仙台」と称する追い出し部屋を新設して、職場を失った労働者80人弱を配属しました。

翌03年4月に「ソニーショック」と呼ばれる株価暴落が発生、10月発表の経営方針「トランスフォーメーション60」には3年間で約2万人（国内約7000人）削減などリストラ計画を明記します。退職加算金を最大36か月から72か月に倍増する「セカンドキャリア特別支援」を実施し、04年3月までに大量の正社員が退職に応じました。同年4月から成果主義に変更し、基本給に上限を設けて賃金抑制・賃下げを押し付けるなど、労働者への犠牲転嫁を加速して行きました。

5　派遣社員も組織し非正規切りに反撃

仙台TECの職場は業務請負、労働者派遣への置き換えが進められましたが、リーマン・ショック後の09年、派遣切り・非正規切りの嵐が吹き荒れました。仙台市内で開かれた派遣村相談会で派遣切り被害者とつながり組合に迎え入れ、救済を求めて宮城労働局に申告し、派遣元と派遣先の両社に団交を申し入れました。別の職場の派遣切り被害者、雇止め通告された外国人契約社員も加入してもらいたたかいを強め、資料や証言を整理して複数で労働局に再申告し、過去の偽装請負の認定と是正指導を引き出しました。組合員はそれぞれ労使交渉で勝利和解を勝ち取り、製造子会社は翌2010年、労働者派遣から直接雇用の期間社員に切り替えました。契約期間は6か月の反復更新、上限を2年11か月としたため、その突破が新たな課題となりました。

同年夏、テープメディア部で人員3割削減が打ち出され、退職勧奨面談が繰り返されるなど退職強要が激化します。労働相談から組合加入が相次ぎ、大量退職のなかで組合員は雇用を守ることができましたが、追い出し部屋への異動を余儀なくされました。

77

6 震災便乗大リストラ

　追い出し部屋からの解放とその廃止を求めて取り組みを強化するなか、3月11日に東日本大震災が発生し、津波が仙台TECを直撃します。人的被害は免れましたが、構内の一階部分が浸水被害を受けました。そして4月に入り、構内の復旧も一定の目途が立つと、期間社員に自宅待機命令が出され、ソニーは4月26日、仙台TECを大幅縮小する「復興計画」を発表します。それはテープ、光ディスク、ディスプレイフィルの3事業とソニー正社員約380人を残し、研究開発機能のほとんどを本社圏や神奈川・厚木TECに、バッテリーやデバイス製造を福島県や県北に移管し、同社の正社員約280人を広域配転するという内容でした。製造子会社の対象人数は非開示に固執しましたが、期間社員約150人に対する雇止め通告が発覚しました。

　「震災を口実に一気呵成にリストラ加速」「復旧作業に奮闘する人たちの期待を裏切るもの」「この状況で期間社員全員雇止めか」……。震災便乗大リストに、失望、不安、怒りの声が相次いで寄せられました。私たちは8億円超のハワード・ストリンガーCEOの年間報酬、3兆4000億円もの内部留保を指摘し、その一部で仙台TECの復旧も全労働者の雇用維持も可能と訴え、たたかいます。雇い止めを通告された製造子会社2社の期間社員22人が仙台支部に加入し、雇止めを拒否してたたかいに立ち上がりました。全員が交代で団交に出席し、社前や駅前でのビラ宣伝、県知事や市長への要請、議会陳情、地域集会や街頭宣伝でみずからマイクを握り、市民向けビラ全戸配布など地域を上げた労働争議に発展します。訴えの内容も、自身の問題から不安定雇用を拡大した労働政策の歪みを根底から問うものに深まり、支援の輪が全国的に広がりました。

　たたかいは、国会議員団の現地調査につながり、参議院予算員会で取り上げられ、「ソニーを調査する」との首相答弁が全国中継されました。

　会社は1か月の暫定契約で団交に応じましたが、切り崩しをはかる不当

製造現場における非正規社員の雇用を守るたたかい

な条件提示により争議は長期化します。市民による支援共闘も結成され、宣伝行動や要請行動、仙台 TEC を包囲するデモ行進、記者会見など世論と運動の拡大に努め、厚労省による啓発指導も 20 回を超え、12 年 3 月の団交で、更新上限 2 年 11 か月も含めて雇用を守る合意可能な条件提示を受け、解決にいたりました。

7　期間社員の前進がリストラ闘争に波及

こうした期間社員のたたかいは、その後の大リストラとたたかう正社員を勇気づけるものでした。

ソニーは翌 4 月、「エレクトロニクス事業の再生・成長」などと年度内に全世界で約 1 万人を削減するリストラ施策を発表。期間社員の組合員たちは所属職場が分割譲渡の対象となり、別のグループ会社で正社員として働くことになりました。期間社員が抜けた製造現場では、「追い出し部屋」などから補充された正社員が昼夜交替に従事していました。

「追い出し部屋」からの完全開放に向けて取り組みを強化するなか、ソニーは 10 月 19 日、「国内エレクトロニクス事業の構造改革を加速するため」として約 2000 人削減等を含む「新たな施策」を発表。仙台 TEC でも早期退職の募集が始まり、震災前より過酷な退職強要の告発が寄せられ、組合加入も相次ぎました。組合員の同意に基づいて加入通告と団交申入れを行い、退職強要に反撃しました。

翌 13 年 1 月、仙台 TEC の正門前で集会を開き、震災雇止め争議の支援共闘の仲間が再結集しました。すぐに闘争を支援する「市民の会」が結成され、退職強要とたたかう組合員を拡大し、街頭宣伝など運動を広げ、新たな職場を獲得しました。一方、早期退職の募集期間後に加入した組合員たちは、県北の子会社への在籍出向が内示されました。出向問題をめぐる労使交渉の到達点から「本人の同意のない在籍出向は無効」と主張し、団交での解決を目指しました。しかし、会社は出向命令の発令と懲戒を示唆して団交は決裂、労働委員会の斡旋も拒否して出向命令を強行したた

79

め、早期解決を目指して労働審判の申し立てを行いました。

「追い出し部屋に象徴される不当な出向」と主張し、支援団体と連携して世論と運動の拡大に努めながら労働審判でたたかい、延期された第3回期日までに解決することができました。

その後、仙台 TEC では「追い出し部屋」から全員が解放され、同室は閉鎖。その流れは本社圏に波及して行きました。

8 リストラ後に派遣受け入れ再開

昼夜交替勤務の製造職場は、90 年代から業務請負が導入され、労働者派遣法の改定に伴い派遣契約に変わりました。派遣切りとのたたかいに立ち上がった組合員たちも、請負で働きはじめ、1 年の契約更新を繰り返し、9 ～ 12 年も継続して働いていました。いつの間にか契約が請負から派遣に切り替わっていたが、気が付かなかったと語ります。働き方も変わらず、請負のときからソニーの指示命令のもとで働いていたと労働局の調査に証言しました。労働局から偽装請負の是正指導が入り、直接雇用の期間社員に切り替えましたが、震災で雇止めにし、正社員だけになりました。13 年の大リストラで大幅な人員削減が行われ、その後、派遣社員を受け入れるようになりました。

派遣法が 15 年 9 月に改正施行されると、製造職場の派遣社員の受け入れが増加して行きました。仙台支部の調査では、施行時は製造部署の約 1 割でしたが 2 年後の 17 年夏ごろは 4 割近くまで増え、その後は生産状況などに応じて減少と増加を繰り返し、この春は約 15％まで減少しています。正社員の人数も変動しますが、派遣社員の変動はその比ではなく、春闘や秋闘のアンケートにも切実な声が寄せられますが、「雇用の調整弁」として不安定雇用を強いられています。

事業会社の開発職場でも派遣社員を受け入れています。立ち上げなど一時的・臨時的な場合もあれば、部署の変更などで 6 年を超えて働き続けている例も少なくありません。正社員に仕事を教えるほどの熟練工になり、

最先端の商品開発、高品質の生産を支えていますが、低賃金・不安定雇用により「結婚に踏み出せない」「子どもは無理」など深刻です。「派遣会社も以前よりは賃上げするようになったが、水準が低すぎる」「長期連休は賃金が出ないので恐怖。夏冬の一時金もない。ソニーの社員たちと一緒に喜べない」など、格差に悩む声も寄せられています。

派遣社員について、ソニー労組は春闘や秋闘で「派遣先会社への正規登用の仕組みをつくること」「少なくとも3年を超える場合は派遣先で直接雇用すること」などを要求し、その実現に向けて取り組みを続けています。

ホームページの問合せ窓口には、全国各地のグループ会社からも労働相談が寄せられます。

ソニーは多様性尊重を強調していますが、「単身赴任のまま派遣からソニーに正規登用されたが、子どもの転校などの基準を満たしていても単身赴任が認められず生活が苦しい」など矛盾する相談も寄せられています。

秋闘団交で取り上げ、多様性尊重の立場から改善を要求しました。相談者と連携し、その実現に向けて取り組みを継続しています。

9 定年再雇用の差別の解消に向けて

非正規雇用の問題では、差別的な定年再雇用の改善にも力を尽くしてきました。

ソニーは2001年度に定年再雇用制度を導入しましたが、「自己の能力と専門性を十分発揮し得る担当業務が存在すること」とする恣意的なマッチング条項により、再雇用の実績は希望者の3割程度にとどまっていました。ソニー労組は定年廃止を第一の柱に据えて、マッチング条項撤廃・希望者全員再雇用、時給1000円相当の正社員並み引上げを求めて取り組みを続けました。前述の通り、06年に有期社員に対しても正社員と同様の再雇用制度を獲得しました。その後の法改正で13年度から原則希望者全員再雇用となりましたが、経過措置でマッチング条項が残り、賃金は据え置かれました。

ソニーは 17 年度に「ベテラン社員向けのプログラム」として、「社外転身の支援」、管理職などを対象とした再雇用制度などの新設と合わせて、従来の再雇用制度は時給を 300 円引き上げて 1300 円相当としました。一方で一時金は半減し、標準年収は 240 万円から 270 万円の引き上げにとどまりました。

　18 年度以降も定年廃止を要求の第一の柱に据えて、再雇用制度については希望者全員 65 歳以上継続雇用を春闘や秋闘で要求しています。再雇用後も仕事は定年前と変わらず、事実上は雇用延長でありながら年収大幅削減に怒りや不満の声が多く寄せられます。こうした声を会社に届けて、定年廃止、大幅賃上げの実現を目指して取り組みを強化しています。

　20 年の法改正で、65 歳までの雇用確保義務に加え、70 歳までの就業確保措置が努力義務とされました。厚労省への要請行動で「21 年 4 月施行前の先行導入可能」「大企業への働きかけを行う」などの回答を得て、当該の組合員が個別要求も行って 65 歳以上継続雇用の実現に向けて取り組みを強化しました。

　改正法施行後も、ソニーは「検討中」と先送りを続けています。厚労省への要請行動を毎年行い、就業確保措置の導入の遅れ、特に大企業が遅れている分析結果を指摘して、ソニーをはじめ大企業が率先するよう指導を求め、「労働局・ハローワークを通して働きかけを強める」との回答を得ています。また、65 歳までの雇用確保義務に対し、製造会社の労働者から、定年後や契約更新で昼夜交替勤務を提示され、「この年齢では辛い」「辞退しろということか」など不安や怒りの声も寄せられています。

　誰もが安心して誇りを持って働き続けることができる職場を目指して、地域共闘の仲間とも連携して取り組み強化しています。

放送産業における不安定な働き方

放送スタッフユニオン書記長　岩崎 貞明

1　労働相談の事例から

　民放労連では、フリーダイヤルやメールで、一般からの労働相談を受け付けています。多くは、有期契約の「不安定雇用」労働者からのもので、自身の雇用・賃金・労働条件に関する相談です。

　・番組制作会社に「委託契約＝個人請負」で働く。契約書はなく、口頭で。月24万円、源泉徴収されて手取り21万円。交通費、社会保険など一切なし。一時金もなし。
　・アニメ関係の会社。雇用契約書もなく、社会保険にも未加入。給与明細はなく、最初に聞いた金額だけが振り込まれている。夜勤もあり、残業代、休日出勤手当もなく、代休もない。深夜の時間外割増もない。
　・フリーランスで、プロダクションに番組請負で仕事をしているが、プロダクションの経営者でもあるプロデューサーと番組内容でトラブルとなり、取材を進めていた企画がすべて没にされ、取材にかかった費用が未払いとなっている。
　・制作会社所属のディレクターで、連続20日勤務や1か月休みなしの勤務もある。給料は定昇も一時金もない。有給休暇は、取ったことはない。年末年始休日もない。夏期休暇は、これまで2回取ったことがあるだけ。法定どおりの時間外手当も休日出勤手当もない。
　・プロダクションから放送局に派遣されている。機材などの管理業務、早朝から深夜まで勤務させられている。会社からは管理職（課長）だと言

われ、役付き手当のみで、月200時間を超える時間外労働をさせられている。休日手当もない。

・派遣会社勤務の女性。1年更新で3年の派遣で仕事。派遣先の局社員から、「家にいかせろ」と言われ、抱きつかれるなどのセクハラを受け、その後もしつこく言ってきたので、「いい加減にして欲しい」と言ったら、「辞めろ、辞めろ」と言われるようになった。

民放労連には、放送業界で働く人なら誰でも、1人でも加入できる「放送スタッフユニオン」という労働組合があり、民放労連に来た労働相談で組合加入を希望して自分の問題を解決したいと考える人は、このユニオンに加入して自分の勤務先の会社などと団体交渉し、要求の解決をはかっています。ユニオンの執行部は団交に同席し、場合によっては弁護士を紹介したり、労働委員会に救済申し立てをしたりして、働く人たちを支援しています。

労働相談の内容をみると、残業代不払いや長時間労働、休日の取得ができないなど、基本的な労働法制にあからさまに違反しているようなものも多くあります。また口頭のみの労働契約なども横行しています。こうした違法・脱法行為が日常的になっているため、労働者側・使用者側とも、それが異常な状態であるという認識が欠けているケースがみられます。

また、意図的に法規制を潜り抜けて労働者を安く使い捨てようとする悪質なケースもあります。放送スタッフユニオンで団体交渉した例で、労働契約法で定められた無期転換権を行使させないように、「有期契約の繰り返し更新を5年たたないうちに雇い止めとして、クーリングの期間を半年空けて、もう一度転職サイトからエントリーさせて、5年間近くの経験を経た熟練労働者を新人と同じ低い月給で再契約した」という、放送局関連のプロダクションがありました。その当事者が労働相談からユニオンに加入したため、この会社と団体交渉を行って不当性を追及しましたが、会社側は「契約終了時には再契約の予定はなかった」などと強弁して、無期転

換を認めようとしませんでした。明白な脱法行為ではないでしょうか。

　こうした労働相談で、最近目立つのはセクハラ・パワハラなどのハラスメントです。これは雇用形態にかかわらず、放送局正社員からプロダクションのアルバイトまで、労働相談では必ずと言っていいほどハラスメントの被害を訴えてきます。そして、交渉で会社側にハラスメントを認めさせようとしても、まず拒否されるのが通例です。職場で罵倒されて体調を崩し、救急車で搬送された労働者へのハラスメントを認めるよう会社側に団体交渉で迫っても、一切責任を認めなかった例もあります。

　そして、不安定雇用の労働者は極めて低い賃金を押しつけられています。ユニオンで交渉したケースでも、あまりの低賃金に生活が続けられず、放送以外の仕事に転職する道を探る人も少なくありません。実際、もう十数年前から、番組のスタッフの求人で募集をかけても応募が来ない、入ってきた新人がすぐに退職・転職する、といった事例が相次いでいます。放送番組の制作を底辺で支える層が、もろくも崩れ去って業界そのものがいつ倒れてもおかしくない、というのが現在の放送業界の姿なのです。

2　放送番組制作と働き方

　では、そうした放送番組は、そもそもどのように制作されているのでしょうか。テレビの情報ワイド番組を例に、そのスタッフ構成や番組制作の進行の様子を紹介します。

　在京キイ局が制作するワイド番組では、一番組あたりのスタッフの総数は 200 人を超えると言われます。こうしたスタッフのうち、放送局の正社員はプロデューサー、チーフディレクターなど一部分で、大半の人員は番組制作会社の正社員か契約社員、または制作会社からの派遣労働者の形を取って参加するフリーランスの制作者やアルバイトなど、「社外スタッフ」と言われる労働者によって構成されています。

　番組制作会社も、元請けとなる比較的規模の大きいプロダクションから、その二次、三次の下請けとなる中小規模のプロダクションなど、重層

下請け構造になっています。そこに、派遣会社からの派遣労働者や請負契約のフリーランスなど、職種・所属・雇用形態がまちまちな人員の集まりが番組制作の現場を構成しています。

　スタッフの頂点に立って番組全体を統括するのは、「チーフ」とか「総合」と言われるプロデューサーで、番組スタッフの人事権や予算管理などを掌握する番組の総責任者です。その下に、番組のコーナーごと、また曜日ごとに担当プロデューサーを置いています。チーフプロデューサーの元には、雑務をこなす役割としてアシスタントプロデューサー（AP）も置かれています。

　番組制作の要となるのはディレクター集団で、番組の演出、取材などを担当。番組のコーナーごとにグループ分けされ、ロケ取材やスタジオ・中継における演出、進行管理を担います。ディレクターにもチーフとサブなどの分掌があり、ディレクターのもとにアシスタントディレクター（AD）がいますが、事実上番組でのあらゆる雑用を担当します。取材の補助、撮影したインタビューの音起こしやゲスト送迎のタクシー手配、ロケの準備や弁当の手配、資料収集などが日常業務です。

　画面に出演するキャスター、アナウンサー、リポーターなどのほかにも、さまざまな職種の人びとが、一つの番組制作に関わっています。順不同でざっと列挙すると、以下のとおりです。

〜制作系〜

　メイク：出演者の化粧やヘアスタイルを担当。衣装は別にスタイリストが担当する。

　TK（タイムキーパー）：生放送でも収録番組でも、編成された放送時間内に番組を収めるために絶対必要な役割。CM までの残り時間を測ってスタジオに伝えるなど、番組進行の時間管理を担う。

　構成：構成作家、放送作家とも。演出面でプロデューサーの補佐役として番組全体の演出を担当し、また番組出演者のナレーション原稿を書くこ

ともある。企画会議に出席して企画提案も行う。

リサーチャー：情報収集専門のスタッフ。リサーチャーは資料収集のほか、取材先の選定やインタビューのアポ取りなど事前の準備に関わる。

ナレーター：VTR のナレーションを担当。番組に出演するアナウンサーが担当するケースもあるが、声優・タレントを起用することも多い。

～技術系～

SE（音効）：サウンドイフェクトの略。生放送番組では、番組中の BGM や CM 前のアイキャッチのジングル、スタジオの効果音などを選んで、タイミングを合わせて出す役割。

MA（マルチオーディオ）：おもに事前に編集して流される VTR につけるナレーションや効果音、BGM を選曲して、音量や音質を調整して音付けをする。

ENG（Electric News Gathering の略）：ロケの動画撮影を担当するカメラマン。最近は女性も多い。スタジオのカメラは別の担当。

美術：大道具は、美術のデザイナーの設計図に従ってスタジオセットなどを製作・配置する。小道具は、出演者の持ち物などを用意する。「手で持って運べるもの」はすべて小道具の担当。

照明：番組の演出プランに従って、スタジオの照明を調整する。スタジオにもっとも早く入るスタッフであり、スタジオの管理者を担う場合もある。ロケの照明は別の担当者が担う。

VE（ビデオエンジニア）：スタジオ技術のうち、映像の明るさや色合いなどを調整する役割。中継先の映像・音声の確認をすることもある。

音声：スタジオ技術のうち、出演者の声を拾うマイクなどの音量や音質を調整したり、スタジオ音声（しゃべり）、中継音声と BGM や SE とのバランスを調整したりする役割。スタジオと副調整室や中継先との連絡系統の構築や調整も行うことが多い。

カメラ：スタジオ技術のうち、出演者などを撮影するカメラを担当す

る。CAはカメラアシスタント（カメアシ）のことで、ケーブルさばきなどカメラ担当者の補佐役を務める。

TD（テクニカルディレクター）：スタジオ技術の責任者。どのカメラの映像を放送に載せるかを判断して、スイッチを担当するスイッチャーを兼ねることもある。

　これらのスタッフの一週間の動き方を、制作系を中心にみてみます。

　制作スタッフは、「曜日班」と毎日のミニ枠担当に分かれます。ミニ枠は当日の情報などを短く伝える枠で、若手のスタッフが10人くらいいます。日曜から金曜まで出社して、報道局でニュース素材などを借りてVTRを編集し、オンエアに出す仕事をします。

　曜日班は、月曜から金曜まで曜日ごとの担当スタッフです。曜日ごとにチーフなど3人くらいプロデューサーがいて、10人弱のディレクター（うち放送局員は3〜4人）、3〜4人のAD（うち局員は1人程度）で班が構成されています。例えば水曜班は水曜の放送担当で、木曜日は休み、金曜日は全体会議があるので出社して、土曜が休み、というふうになります。企画ものを担当するディレクターは、自分の企画のリサーチを行いながらロケ取材の準備をして、取材に同行するレポーターやアナウンサーらと打ち合わせをし、カメラ・音声などの技術スタッフとともに現場にロケ取材に行きます。

　ロケから帰ったディレクターは取材した素材の整理をADたちと一緒に行って、企画VTRの構成を考え、ナレーション原稿を書きます。大がかりな企画の場合にはディレクターのチームで手分けをして取材したり、構成作家がついてナレーション原稿を仕上げたりします。素材の準備がそろったところで、時間枠に合わせてVTRを編集し、ナレーションやBGM、効果音などをつけて、字幕テロップを乗せてVTRを完成させます。できあがったオンエア用のVTRは「完パケ」と呼ばれます。

　金曜班は土曜・日曜は休みですが、日曜日から準備にかかることが多く

あります。月曜・火曜で取材の準備などをして、水曜にロケ取材、木曜は早朝から取材ロケで、チーフにナレーションの原稿をチェックしてもらって深夜からVTR編集、金曜の朝の番組放送にオンエア関係の仕事をして、番組終了後は1時間ほど反省会。終了後にみんなで昼食を取って、夕方に帰宅する、というのが一週間のサイクルです。

前日から朝の番組放送までの流れは、大体次のようなものです。

番組全体の構成は、放送作家が各曜日に1人ついていて、深夜にディレクターとの打ち合わせに同席して、スタジオ部分でキャスターたちが読む原稿の執筆などを担当します。放送作家はオンエアには立ち会わないで、深夜に原稿を仕上げると帰宅します。

ディレクターは深夜から編集ブースにこもって、ADや編集機材のオペレーターとともに、前日までにレポーターたちとともにロケ取材した映像素材の編集作業にとりかかっています。映像の編集が一通りできあがると、待機していたナレーターとともに、ナレーション取りやBGM、SE（効果音）などをつけるMA作業に入ります。字幕などを入れ込めばオンエア素材の完成ですが、これが仕上がるのはたいてい放送時間ぎりぎりになります。

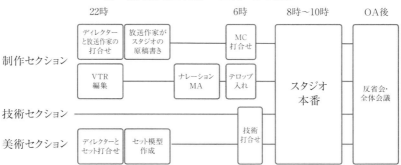

朝の情報番組制作の基本的な流れ

以上のように、朝の情報番組は、多数のスタッフが前夜からほとんど徹夜で準備作業に当たっています。生放送であるゆえに、新鮮な情報を早く視聴者に届けようと、ぎりぎりの時間まで作業することになります。放送業界の長時間労働はこのように常態化しているのです。

3　民放労働者のたたかい

　放送の仕事は、一つの番組制作に多様な職種の人たちがさまざまにかかわる形になるので、そこで働く人の雇用形態も当初から多様なものがありました。1960年代からは、技術関連の職場で、放送局が設立した関連会社からの派遣社員が多数働くようになっています。そのうえ1970年代から始まった番組制作会社（プロダクション）の設立が、放送労働における重層構造にさらに拍車をかけることになります。

　これに対して、働く側もただ黙って振り回されていたわけではありません。放送で働く者で組織する労働組合の連合体である日本民間放送労働組合連合会（民放労連）は、テレビ放送が開始された1953年に発足しましたが、1968年10月の中央委員会で「未組織労働者の組織化」の方針を採択し、「個人加盟方式による地区別労働組合の結成」を掲げます。この方針に沿って、1969年に民放労連加盟の労働組合として東京に「東京地区労組」、大阪に「近畿地区労組」が結成されます。冒頭で紹介した放送スタッフユニオンは、この東京地区労組が改組・名称変更したものです。

　その一方で、各地で放送局が設立した関連会社での労組結成・民放労連加盟も相次ぎます。しかし、こうした関連会社は規模が小さい場合が多く、従業員数も少ないために労組も小規模にならざるを得ず、業務多忙ななかで組合としての運営が困難なケースが多くあります。そもそも、放送局の関連会社は放送局の労働組合のストライキ対策として設立された背景もあったため、組合活動に対して強い攻撃があったという事情もありました。それでも今日、民放労連加盟約120単組のうち約40単組が放送局ではない関連会社の労働組合として組織されています。

放送産業における不安定な働き方

　こうした関連会社から放送局に労働者が大量に派遣されるようになったのは70年代からでしたが、これは労働基準法・職業安定法に違反する違法行為でした。民放労連は職安法違反摘発を運動方針に掲げて、全国各地でこうした派遣労働者を労働組合に組織し、放送局の正社員として雇用させるなどの「社員化闘争」を進めます。労働行政当局は必ずしも積極的な対応ではなかったということでしたが、各地の放送局で不安定雇用の労働者の社員化・直用化が、70年代に大きく進みました。一方で経営者側の攻撃も激しく、たたかう労働者が解雇されるケースも続出し、社員化闘争と合わせて解雇撤回闘争も各地で展開されました。

　80年代になると、財界は雇用の調整弁となるような安価な労働力を求めて、労働者派遣法制定の動きを強めます。ここに、放送局の事業者団体である日本民間放送連盟（民放連）も積極的に加わって、政府に対するロビー活動などを行います。その結果、当初は業種を絞って例外的に派遣労働を認める形で導入された労働者派遣法のなかで、放送関連の業種が「アナウンサー」「ディレクター」「大道具・小道具」などいくつか例示されて、派遣労働が解禁となりました。やがて労働者派遣法は改定を繰り返し、あらゆる業種に認められることとなって、非正規労働者が全体の4割を占めるという今日の状況にいたっているのです。

　最近は、劣悪な労働条件に嫌気がさして転職する者、他の業界に鞍替えする者などが後を絶ちません。こうした働き方を根本的に見直さない限り、番組制作の未来は見通せないのではないでしょうか。

夢と感動をあたえるテーマパークを
支える不安定な働き方

なのはなユニオン・オリエンタルランドユニオン　横田^{よこた} みつき

1　従業員の8割をアルバイトで支えるオリエンタルランド

　私は東京ディズニーランド（千葉県浦安市）で「出演者」という雇用契約で働いています。キャラクターの着ぐるみを着てショーやパレードに出演したり、グリーティングといって来園者との写真撮影に応じたりする仕事です。

　オリエンタルランド（ディズニーリゾートの運営会社）で働いている人は、全部で2万人以上いますが、8割はアルバイトです。正社員は現場には出ないで管理や事務方の仕事をしています。現場に出ている人はアルバイトです。私は18年働いていますが、最初の3年間は「業務委託」という契約でした。別の会社と雇用契約を結び、その会社がオリエンタルランドと業務委託契約を結んでいました。ちょうど「偽装請負」が社会問題になったときにオリエンタルランドとの直接雇用に変わりました。会社から説明があり、働き続けるには直接雇用に切り替えるしかないと言われ、オリエンタルランドで働く人は直接雇用に切り替わりました。労災が使えるようになるという安心感はあったのですが、それまで日給制だったのが時給制に変わったので、手取りは減りました。以前は日給なので実際の労働時間にかかわらず固定されていたのですが、直接雇用後は、3時間だけとか、5時間とか、日によって就労時間が違う「シフト制」の時給支払いになったからです。

　オリエンタルランドの現場の仕事は、「キャスト」と「出演者」に分かれています。「キャスト」は、駐車場、清掃、物販、調理、運転、衣装、

看護などの仕事があります。「出演者」は、ダンサーとキャラクター（着ぐるみのなかに入っている人）に分かれます。

キャラクターは「1年契約」を毎年繰り返します。人によっては、理由がよくわからないまま契約更新されない人がいます。「技量が足りない」「評価が悪い」など、当人やまわりの人からは理解できない理由が多く、本人もプライドを傷つけられたり覇気をなくしたりして辞めていきます。勤続30年の人が面接のあと「契約できなかった」と落ち込んでいることもあり、常に契約不更新におびえながら仕事をしています。

「キャスト」は6か月、1年の契約期間を自分で選ぶことができます。部署にもよりますが6か月契約が多いようです。1年に半分以上入れ替わるため慢性的な人手不足なのですが、「出演者」は毎年の募集数も少ないところに応募者が多いです。

5年間契約を更新すると「無期雇用転換」が可能なので、私は2018年に無期雇用になりましたが、きちんと説明されていないので多くの人が知らないままです。無期雇用申請の用紙に「出演業務の継続が困難と判断された場合は無期雇用準社員（キャスト）への身分変更を命じる」との記載があり、同意しなければ無期雇用になれないとなっていたため躊躇していた人もいます。私は拒否した後に、交渉で異議を認めさせて、無期雇用になりました。

勤続年数が増えても、個人の技量が上がっても、時給は上がりません。私も、全員一律で時給額が改定されたときを除くと、賃金は上がっていません。

2　天候で変わる賃金

オリエンタルランドは、日によって、また天候によって来客数が変わります。雨が降ってきてショーが中止になったり来客数が減ったりすると、「今日はこれで帰っていいよ」と言われます。時給制なので、帰らされた場合の賃金は出ませんでした。しかしそれでは、毎月の賃金が大きく変わ

り不安定になります。そこでユニオンでは、2015 年に月の労働時間を 120 時間は保障せよという要求を出して交渉しました。キャストは 114 時間、出演者は 100 時間までは保障させ、悪天候や来客数などの事情で帰宅した場合は時給額の 60％を保障させています。たとえば 9 時〜 17 時というシフト勤務の日で 13 時に帰った場合、13 時までは満額、13 時以降は「解消」という扱いで時給額の 60％が支払われるようになりました。台風などが予想され前日までに勤務が中止になった場合も「全解消」で 60％です。しかし 100 時間のなかには 60％に削減された時間もふくまれるので、依然として月の収入は不安定です。

　また、1 年のなかでも繁忙期とそうでない時期があり、1 月下旬から 4 月は手取り 22 万円弱、5 月以降は 18 万円ぐらいです。これは 4 月までは入れ替わりが多いので、新人の配役などを決めるイベントごとのリハーサルがあるからです。リハーサルがある日は、朝 6 時 30 分に出勤、夕方 16 時までが勤務、深夜 22 時から深夜 3 時までリハーサルになります。16 時から 22 時までは事務所に待機しますが無給です。深夜 3 時にリハーサルが終わって、会社の寮に住んでいる人は一緒にタクシーで帰りますが、遠い人はそのまま事務所で仮眠し翌朝から仕事です。

3　出演者はけがや事故とのたたかい

　「キャスト」も「出演者」もアルバイトですが、このなかにも格差があります。

　キャストには「年末年始手当」が出ます。出演者にはありません。またキャストには以前は「着替え手当」といって制服への着替え時間に手当がついていました。最近それが廃止されたのですが所定の労働時間のなかで着替えができるようになりました。しかし、出演者には着替え手当はありません。着ぐるみを着る場合、一度ジャージに着替えて、その上から着ぐるみを身に着けるのですが、ジャージへの着替えまでは労働時間ではないとなっています。

出演者には法律で決められた深夜手当（22 時〜翌朝 5 時）だけですが、キャストにはそれに加えて 19 時〜翌朝 7 時の夜間手当がつきます。「休日手当」はキャスト、出演者ともにありません。毎年春闘で「土日手当」をつけるよう要求しています。またキャストには一時金がありますが、出演者にはありません。

出演者は仕事の性格上、ケガの繰り返しです。私は平均すると年に 2 回ぐらい労災申請をしています。つねに足腰を痛めており、労災の期間は 80％の賃金保障はありますが、休むことに恐怖心があり、無理して働いてしまいます。契約が更新されなくなる不安もありますし、自分の配役・演目を他の出演者が変わることで、相手の人に過重な負担が行くことへの配慮や、自分の演目が取られてしまうという不安もあります。収入減よりも契約更新への不安の方が大きいと言えます。実際に、労災を使うと評価が下がってしまう不安から、労災を使わずに我慢してしまう人が多いです。

「出演者」の労災ですが、骨折よりもヘルニアが多いです。衣装自体も重いのですが、衣装のなかにアイスの入ったベストを着て、2 リットルの飲料水を背負います。ストローで口元につないで、出演中にも水が飲めるようになっています。このように 10 〜 30kg ぐらいの装具を身に着けて踊ったり跳ねたりするので、見た目よりずっとハードで、腰や首、膝への負担がかなりあるのですが、それを我慢しながら仕事をしています。

また少々の悪天候でも出演しなければなりません。以前は、悪天候のときはイベントを中止することが多かったのですが、直雇用になってからは少々の悪天候でも決行されるようになりました。着ぐるみの衣装は表面積が大きく、風に煽られやすいのです。そして着ぐるみの靴底は滑りやすく、転ばないように無理な力の入れ方をするので、捻挫を起こしやすいのです。

また現在は出演と休憩が 30 分ごとのインターバルになっています。30 分踊ったあと、一度着ぐるみを脱いで、着ぐるみのなかの汗を拭きとったりして次の出演に備えます。これを 7 回繰り返していますが、次の出演ま

での時間が 30 分では終始着ぐるみの着脱に追われて休めません。ユニオンでは 5 回に減らすよう要求しています。

4　ハラスメントに苦しむキャストたち

つぎに「キャスト」のことです。

別表のように 23 の職種がありますが、全部時給制のアルバイトです。ナースキャストのような専門職は 1630 円と多少高いのですが、あとはだいたい 1180 円です。ディズニーリゾートの時給は最低賃金に近く（2023年度千葉県の最低賃金 1026 円、川を隔てた東京都は 1113 円）、責任ある仕事に見合う賃金とはいえません。ディズニーリゾートの近くの舞浜駅前のファミリーレストランの時給は 1300 円です。

ナースなどの専門職以外は大学生のアルバイトが多く、また 3 か月単位の雇用契約なので、雇用期間の満了や大学を卒業するとき辞めていく人が大半です。オリエンタルランドでのアルバイトの経験があると、他の仕事に就く場合も就職面接で印象がいいようです。

ユニオンに寄せられる不満や労働相談としては、パワハラについての相談や「ディズニールック」を理由にした解雇などがあります。「ディズニールック」については、その基準をもう少し緩和できないかと交渉しています。

茶髪はもちろんダメなのですが、実例で「頭髪の両脇部分（もみあげ）が短すぎる」という理由で自宅謹慎を命じられたという相談がありました。似たような髪型でも問題にされない人もあり、会社も「来園者を不快にさせる」ということ以上の説明はできません。基準があいまいで上司の好き嫌いに左右されている面があると思います。就業規則では「ディズニールックを守る」という規定があり、「女性のピアスは一粒のもので揺れないもの」とか「前髪は顔にかからないようにピンでとめる」「そのピンは一本で黒色のものにする」「ラメの入っていない化粧品を使う」……といった細かい決まりがあります。中学生の「ブラック校則」がそのまま

夢と感動をあたえるテーマパークを支える不安定な働き方

オリエンタルランドのキャスト

フードサービスキャスト	ディズニーならではの素敵な飲食施設でおもてなし	1,280 円〜
カストーディアルキャスト	笑顔で清潔なパークを保つ清掃のエキスパート	1,180 円〜
パークゲストサービスキャスト	パーク内外で、ゲストのパーク体験をサポートする	1,180 円〜
パーキングロットキャスト	車で来援したゲストが最初と最後に出会う	1,330 円〜
ショーイシューキャスト	ショーコスチュームを通じてパークの賑わいを支える	1,180 円〜
ショーキャスト	ディズニーキャラクターやショー出演者をサポートする	1,180 円〜
ディストリビューションキャスト	倉庫内業務や配送でパークを支える縁の下の力持ち	1,330 円〜
インフォメーションキャスト	声を通してハピネスを届ける電話での総合案内役	1,180 円〜
クラークキャスト	事務のスキルでゲストの幸せなひとときを支える	1,180 円〜
マーチャンダイズホテルキャスト	たくさんのディズニーグッズに囲まれてホテル内の販売店で働く	1,280 円〜
ファシリティーキャスト	パークで販売するディズニーグッズをより魅力的に見せる	1,280 円〜
マーチャンダイズキャスト	たくさんのディズニーグッズに囲まれて販売店で働く	1,180 円〜
アトラクションキャスト	安全に、楽しく。アトラクションでゲストをご案内	1,180 円〜
カリナリーキャスト	キッチンからゲストにおいしい料理とハピネスを届ける	1,330 円〜
ナースキャスト	けがや病気の方を看護し、笑顔にする	1,630 円〜
ショーサービスキャスト（ドライバー）	ショーやパレードを舞台裏で支える	1,180 円〜
ショーサービスキャスト（操船）	水上エンターテイメントを船舶ドライバーとして支える	1,330 円〜
ワークルームキャスト	ディズニーキャラクターやフィギュアのコスチュームをつくる	1,280 円〜
ヘアアンドメイクアップキャスト	ゲストに憧れのプリンセスに変身する魔法をかける	1,330 円〜
ウイッグキャスト	独創的なウイッグでショーやパレードを盛り上げる	1,330 円〜
ガイドツアーキャスト	パークの達人として、ツアーゲストをご案内する	1,230 円〜
テラーキャスト	大切なお金を扱うパークの銀行役	1,180 円〜
ファイアーキャスト	閉園後のパークの安全を守る夜の番人	1,180 円〜

（出所）オリエンタルランドの HP のキャスト募集案内より

生き続けている感じで、緩和してほしいと交渉しています。

5　労働環境の改善を目指すユニオンの取り組み

つぎにユニオンの活動について紹介します。

述べてきたように、怪我や事故の多い労働環境なので、労働安全衛生関係の要求を重視しています。会社に安全配慮義務違反を問い、再発防止の手立てを要求しています。また業務過多のため完治しなくても仕事をせざるを得ない人が多いので、復職時には医師の診断にのっとった復職支援プログラムの柔軟な運用を求めています。

私自身も現在は休職中ですが、2023年に復職を求めた際に5日間の復職プログラム後にいきなり週5日30時間勤務という条件でないと復職させないと言われています。前回、膝の前十字靭帯損傷で休職したときには、会社に要求されるままに休職前と100％同じ条件で仕事をしてしまい、別の部分を痛める結果となりました。もっと柔軟に対応してほしいと思います。

また、ロッカーは男女別ですが、楽屋の更衣室は男女共同で1室しかありません。試着室みたいにカーテンで隠すだけで、人が通るとカーテンが揺れ、隙間から盗撮される危険もあります。これは女性にとってはものすごいストレスです。せめて更衣室ぐらいは男女別にしてほしいと要求しているのですが、会社は"ジェンダー平等"を理由にして受け入れません。私は仕方なくトイレで着替えることもあります。

キャストの要求としては、安全靴の会社支給、従業員用の女子トイレの増築、夏期・冬期の屋外勤務手当、適切な人員配置などを掲げています。

6　「解雇」の不安を抱えながら働く仲間たち

正社員との格差の問題も深刻です。

たとえば休職規定ですが、私傷病でも正社員であれば6か月間は休職できます。しかしキャストや出演者は30日休むと退職になります。メンタ

ル疾患の場合、労災認定されるまでに数か月かかるケースもあるのですが、会社規定では「いかなる理由があろうとも」とわざわざ書き入れてあるのです。

　私たち現場の人は正社員と接触する機会はほとんどありません。社員は管理的な仕事をしているので、何かことが起こったときに見かける程度です。それなのに、評価をするのは正社員です。賃金は十数年上がっていません。表向きは評価（日常評価、技量評価、オーディション評価）次第で昇給があるということになっています。無期雇用に転換されてはいるのですが、年１回の「更新オーディション」があって、そこで不更新になることもあります。無期雇用の制度ができる前は乱暴な理由で切られていましたが、無期雇用後は、それなりの理由をつけてくるようになりました。

　正社員は勤怠評価も行います。この評価に対する不満があります。出退勤への評価が厳しく、年１回休むと評価が×、遅刻・早退は△になります。欠勤や遅刻・早退が一度もないと○になります。病気で、事前に欠勤の連絡をしても×がつき、それは次回の契約更新に影響してきます。年度初めに１回でも休むと、「２回目はない、次に休んだら解雇だ」という恐怖心に駆られながら一年間働くので、心が折れます。ユニオンはこの条件の削除を要求していますが、会社からは「現場での重要性がある仕事で、来園者への迷惑を考えると削除できない」という回答でした。

　2020年コロナ禍における休園時には、キャストから「生活できない」という悲痛の声があがりました。７年勤続のキャストは時給1100円で、早朝や深夜を含めて180時間ほど働き月23万円ほど。休業補償６割だと保険などが引かれ手取りは４割・９万2000円ほどです。しかも「正社員は全額支給・キャストは６割」と格差がありました。組合は「夢と希望のためだけに働いているんじゃない」と全額補償を求めて行動をし、８割補償を勝ち取りました。

　以上のように、オリエンタルランドでは、キャストや出演者などのアルバイト社員は厳しい条件で働いています。

しかし「ディズニー」というブランドとのギャップが周囲の人にはなかなか理解してもらえず、「ディズニーがそんなことをするはずがない」と思っている人や「好きなこと、楽しいことを仕事にしているのだからいいじゃないか」と言う人も多く、そうした言葉に心が折れて辞めていった人もいます。みなさんには、「夢の国」もそこで働く労働者によって支えられているということを理解してほしいと思います。

研究者に広がる不安定な働き方

日本科学者会議東京支部常任幹事　衣川 清子
<ruby>衣川<rt>きぬがわ</rt></ruby> <ruby>清子<rt>きよこ</rt></ruby>

1　研究者とは

　「研究者」と聞くとどのような働き方を想像するでしょうか？　大学を卒業し、大学院を修了し、博士号を取得し、独創的な研究に打ち込み、たくさんの業績を挙げ、名誉を手に入れる、といったイメージでしょうか。そうであるべきです。彼らはそれぞれ自分の研究分野を持ち、国公立の大学や研究所、私立大学や民間の研究所に勤め、個人またはチームで決定した（または所属機関から命じられた）研究計画に沿って調査や実験を行い、結果をまとめ、国内外の学会などで発表し、論文や著書を執筆します。そのためには資料や試料、実験器具などを購入する費用が必要ですが、それらは所属機関から支給される研究費や、国や地方自治体、財団などから支払われる補助金によってまかなわれます。民間の研究所の場合、彼らが発見・解明・創造した業績は企業の財産ともなるでしょう。彼らの活動によって新しい知見が得られ、技術の発展や人びとの生活向上に貢献し、人類の共有財産になっていきます。

2　雇用の不安定化＝非正規化

　ところが、こうした重要な社会的役割を担う研究者の働き方が非常に不安定になっており、そしてその不安定の度合いが増す一方であることをご存じでしょうか。最初から任期がつけられている、すなわち契約期間があらかじめ定められている非正規の研究者が増えているのです。それも3年とか、5年とか、長くても10年というのです。しかも、大きな成果をあ

げたり名誉ある賞を受賞したりすれば正職員・正社員に登用するとか、勤務評価が良好ならば契約を更新するとかが初めから想定されておらず、その期間が満了すると、期限が来たという理由だけで、たとえ優れた業績をあげていた場合でも雇い止めになるというシステムなのです。

　日本の研究者を取り巻く環境はかなり悲惨だと指摘されています。健康社会学者の河合薫氏によると、ノーベル賞を受賞した山中伸弥氏が2012年、みずからが所長を務める京都大学iPS細胞研究所に所属する研究者のうち90％が任期付きだと発言して波紋を広げました。寄付金によって一部は無期契約に転換させることができたものの、「こうした非正規の研究者を常勤化することが私の使命だ」とまで山中氏は述べたそうですが、その後、同研究所の非正規研究者の働き方が抜本的に改善されたという話は聞こえてきません。河合氏によれば、大学や研究所の非正規割合が多いのは一般的になっています。25〜34歳の若手の男性の場合、一般企業の非正規率は10〜15％程度ですが、大学に勤める同年代の非正規率は50％を超えているといいます。

　1990年代後半、日本政府は、博士号取得者を増やすべく「ポストドクター1万人支援計画」を立て、博士を養成するための期限付きの雇用資金を大学など研究機関に交付しました。しかし、そうして生まれたポスドク（Post Doctor, PD ＝博士号取得後も専任の職に就けず、やむなく任期付きのポストに就く研究者）を受け入れる「受け皿」、つまり経験と実績を積んだポスドクにふさわしい常勤のポストは大学にも研究機関にも十分に用意されていなかったため、ポスドクたちは任期が終わるとやむなく次の任期付き職へ、さらにその次へと移動するしかありませんでした。2019年のある調査によると、ポスドクを終えた1万5591人のうち大学教員ポストや研究所の研究開発職などに就けたのは11.5％だったといいます。9割近くのポスドクたちが安定した職に就くことができなかったということです。

　在学時に貸与を受けていた奨学金（利子を含む）の返済負担が大きな問題になっていますが、研究者をめざす人たちやこうした任期付き研究者

研究者に広がる不安定な働き方

は、大学と大学院で奨学金を利用しているため、とりわけ返済額が大きくなる傾向があります。これでは研究者をめざす意欲がそがれるのも当然でしょう。

なお、PDのほかにRPD（RはRestart〔再開〕という意味）という制度もありますが、これは出産や育児の期間後に研究の仕事に復帰できるようにとつくられた女性向けのもので、任期が3年間という限定的なものなのでやはり不安定性の問題を解決できません。

就業した環境にも左右されますが、ポスドクや任期付き研究者は、必ずしも「好きな研究を自由にできる」わけではありません。研究補助のための人員が十分でない場合、補助的な事務作業やプロジェクトの管理運営面を担わなければならないこともあります。人手不足その他の理由で、学生や大学院生の指導や監督も守備範囲に入ってくる場合もあるでしょう。

このように、有期雇用の研究者の最大の問題は、期間限定的な雇用で将来に見通しが持てないことです。

3　象徴的な理化学研究所の雇い止め事件

「研究者の雇用不安定化」の最たる例が、理化学研究所（理研）による無期契約転換阻止を目的とした任期制職員の大量雇い止め事件です。1917年創立の国立研究開発法人で、日本で唯一の自然科学の総合研究所といえる理研は、職員数約4400人のうち、7割近くが任期付き職員だそうですが、2023年3月末で雇用期間が10年になる研究系職員を大量に雇い止めする計画を立てました。もっと以前から勤務している職員は対象とならず、2013年4月からちょうど勤続10年になる人たちだけが雇い止めになるというのは、明らかに改正労働契約法に基づく無期転換権を行使させないためでした。

「10年経ったから雇い止め」というこの乱暴なやり方で、理研の現場の業務は大混乱させられています。廃止・縮小される研究テーマにも、雇い止めになる研究者の人選にも、合理性がまったくありません。重要で有望

103

な研究だとして国からの科研費（科学研究費助成事業）を受けている研究や、他機関との共同で行われているプロジェクトがあったとしても、おかまいなしに雇い止めが行われています。もし研究を主宰するチームリーダーが雇い止めになると、本人だけでなく研究チーム全体が廃止され、そこで働く研究職、事務職の職員も雇い止めになってしまいます。さいわい他チームに異動できることになったリーダーも、異動先チームの都合で一般研究員に降格されるという理不尽なケースも出てきています。希少な実験動物を日本で唯一管理していた飼育の専門家である技師が全員雇い止めされ、関連する研究がすべて途絶させられることになってしまいました。そもそも理研では、「チームリーダー」のような責任ある立場の研究者すら、「10年経ったから」「無期転換すると困るから」のような理由で雇い止めされる不安定な「任期制」の立場なのです。業務や責任は正職員と変わらないのに、容赦なくキャリアを絶たれる、それが非正規研究者の不安定な働き方（働かせられ方）なのです。

　また、今回の雇い止め事件では、40代〜50代の中堅の研究者が多かったとされています。ポスドクを渡り歩いて年齢を重ねてしまった場合、実質的に転職の機会も限られてしまいます。まさに「使い捨て」の形容があてはまるでしょう。

　研究職と聞けば高給取りではないかと思われがちですが、雇い止め当事者で裁判の原告になったある研究員は「初任給は手取りで14万円、今でも一般企業の7〜8割でしかない」と語っています。任期制の研究員は、更新の可能性がなければ、任期満了後の就職先を自分で探さないといけないし、次の就職のために実績も上げていかなければなりません。任期制の職を転々とし、「土日もなく働き」「研究室にこもり続け」、ようやく理研で無期転換できそうだと考えた矢先に雇い止めが待っていたのです。

　理研内唯一の労働組合、理化学研究所労働組合（理研労）や支援者による雇い止め撤回を求める運動が高揚するなか、雇い止め当事者が裁判を起こし、他方、国際的な学術誌『ネイチャー』や『サイエンス』による、

研究者に広がる不安定な働き方

「研究者の使い捨て」だとする批判的報道に押され、理研はしぶしぶ「雇用上限は撤廃する」という「新人事施策」を発表しましたが、今回の雇い止め撤回は拒否しています。もっとも、当初 400 人規模と懸念されていた雇い止め対象者は約半数が継続雇用されることになったといいます。さまざまな運動や 3 月に行われたストライキもこれに寄与したでしょう。

ところが理研は、「理事長特例」により一部の無期転換を認める形をとったり、撤廃された雇用上限の代わりに「アサインド（任命）・プロジェクト」制度を設け、労働契約法の制約を受けない「理研都合の契約期間設定」を行ったりするなど、今後も無期転換を嫌悪する態度を崩していません。

4 改正労働契約法と無期転換申込権

2013 年に施行された改正労働契約法は、実は雇用安定を主旨としたものです。有期契約の労働者が 5 年間継続して雇用されれば、その職務は恒常的なものとみなすことができるから無期契約とすべきだという考え方です。書面でも口頭でも、労働者が申し込めばその時点で無期契約が成立し、契約期間は「無期」になるという道が開かれました。この点で雇用安定化に向けての一歩でした。

ところが、雇い止めしにくくなる無期転換を嫌って一部の使用者が 5 年経過する直前に雇い止めをし、無期転換させないという問題が発生しました。一つには「無期転換」への誤解がありました。大学を例にとると、「無期転換を認めたら非常勤講師にも専任教員と同様に研究室も用意しなければならない」といった誤解から抵抗する大学もありましたが、現在までにはほとんどの大学が非常勤講師の無期転換を認めています。しかし、やはり根底には、非正規労働者を「雇用の調整弁」として使い続けたい、つまり必要な時は雇い入れ、不要になったらいつでも人員削減できる裁量を手にしていたいという使用者側の願望があると思われます。

研究者の場合、もう一つのハードルがありました。「10 年特例」の登場

です。2014 年、「大学等及び研究開発法人の研究者、教員等については、無期転換申込権発生までの期間を 10 年とする」という「10 年特例」が設けられ、特例の対象者は通常の 5 年ではなく 10 年経たないと無期転換を申し込めないということになったのです。つまり「5 年という短期で終わっては気の毒だし、雇う側としても、5 年ごとに頻繁に新人を雇い入れて教育しなければならないのは煩雑である」ということでしょう。

「10 年特例」の根拠とされたのは科学技術・イノベーション創出の活性化に関する法律（科技イノベ法）と大学の教員等の任期に関する法律（任期法）です。前者に関しては、「大学等及び研究開発法人」の職員であっても、研究を業務として指示されていない例えば非常勤講師などは、10 年特例の対象にはならず、通常どおり 5 年で無期転換したものとみなす旨の最高裁判決が確定しました（専修大学事件）。また後者に関しては、研究を業務として指示されていない任期付き専任教員の無期転換について、高裁が特例の適用を退け、5 年無期転換を認めました（大阪羽衣国際大事件）。これらの判断が確定すれば、少なくとも非研究職（業務として研究を指示されていないもの）は 5 年無期転換が実現し、雇用安定化に向けて大きく弾みがつくはずです。羽衣国際大事件は最高裁係属中ですが、決定が待たれます。

5 「科学技術立国」の内実

一方で「科学技術立国」「ポスドク 1 万人計画」をとなえながら、非正規研究者を増やし、研究者の働き方をますます不安定化しているこの国では、研究者の層の衰退と研究基盤の先細りが見えています。学生時代からの研究を続けたくても、将来の研究職に興味はあっても、研究職の現状や任期なしの職に就くことの困難さを知り、大学院に進学しようと考える学生が激減しています。大学院生も、修士課程の段階で研究職をあきらめ、博士課程に進学せず、他の分野の職に就くケースが増えています。研究を続けるために日本を捨てて海外に就職先を求める人も増えています（雇い

止めになった理研のある優秀な研究者は外国の大学に就職しました）。これでは将来の「科学技術」の担い手が少なくなり、研究業績の質・量とも落ちこみ、将来の大学や研究機関を支える研究者の層が薄くなり、「立国」はおぼつかなくなるのではないでしょうか。

　脇田滋氏（労働法学者）によれば、世界では非正規雇用の拡大に歯止めをかける動きがあり、ヨーロッパ（EU）ではパート労働、有期雇用、派遣労働について常用労働者との待遇格差を禁止する「三指令」が出されて各国内で法整備がなされているそうです。一時は非正規職が半数を超えた韓国でも、「非正規保護法」が制定され、さらに企業別組合が強力な産別組織へと転換して企業側と交渉を進め、非正規職を減らしているといいます。それに対し、日本は「①雇用不安定、②差別待遇、③無権利、④孤立」という重大な欠陥のある非正規雇用が蔓延しています。改正労働契約法を骨抜きにして労働力を安く使い、特に研究者のような有能で勤勉でやりがいを持って働く労働者をまさしく「使い捨て」するような状況になっています。

6　「基幹教員制度」の今後の影響

　2022年10月、大学設置基準が改正されました。見過ごせないのは、「基幹教員制度」の導入です。これまで各大学は学生数に応じて決められる専任教員数を満たさなければならないとされてきましたが、「基幹教員」はその原則を根底から揺るがすものです。専任教員数の4分の1まで配置することができる「基幹教員」を導入するねらいは、「教学改革推進のための柔軟な教育組織編成」だと称していますが、「一定の条件の下、他大学の教員や企業人等、常勤以外も『基幹教員』としてカウントできる」ということです。例えば80人の専任教員のいる大学では、20人までは非常勤講師や他大学の専任教員、企業人、官僚経験者などが「基幹教員」として名を連ねられるということで、20人分の専任人件費を浮かすことができますが、「基幹」教員としての業務は「授業」だけですので、残り60人で

従来の 80 人分の学校運営業務を分担しなければならないことになり、専任教員にとっての労働強化、学生にとってのサービス低下につながることは目に見えています。

　政府の配分する補助金（国立大学への運営費交付金や私立大学等経常費補助金）が乏しく、しかも毎年削減され、不足分は自助（寄付金を集める、競争的資金に応募する、など）で補うよう求められていることもあり、各大学は新採用を控える、専任ではなく任期付き教員に置き換える、年収が非常勤講師並みの有期の専任教員を雇う、非常勤講師の数を減らしていく、といった事態が想定されます。大学教員や研究者の門戸はますます狭まり、若い教員・研究者志望の就職難が加速し、雇用不安定化をますます促進しそうです。

7　研究者も労働者

　大学では、設置基準が定める数（学生数に応じて決まっている）の専任教員だけではすべての授業を実施できないので多くの非常勤講師を雇用しています。大学の規模や設置学部・学科によっても異なりますが、だいたい専任教員数の 1.5 〜 2 倍程度の非常勤講師が働いており、もはや非常勤講師なしで大学運営は成り立ちません。担当している授業の数でみると、半分以上を非常勤講師が担っている状況です。

　2022 年、理研と同じように、無期転換を回避するために年度末での非常勤講師の大量雇い止めを画策したのが、日本全国に 8 つのキャンパス、23 学部を展開する東海大学でした。在学生数 2 万 7000 人以上、経常費等補助金は 226.6 億円で全国の大学のトップであり、利益を確保したことを示す経常収支差額が 145.0 億円とこちらは第 2 位です。雇い止めされた非常勤講師を中心に 5 月に東海大学教職員組合が結成されましたが、雇い止め撤回を求める労使交渉が決裂したため、12 月に静岡キャンパス（2 回）、2023 年 1 月に札幌キャンパス、12 月に湘南キャンパスで時限指名ストライキを行いました。有名大学を舞台にしたストライキは大きく報道され、

「ストライキは労働者の権利である」ことが改めて確認された、とネットニュースでも好意的なコメントが多く寄せられました。その後、雇い止めを通告されたうちの１人が撤回を勝ち取り、再び教壇に立つという成果を勝ち取りました（次年度も継続です）。その後、理研で理研労が３月に、フランス語学校アテネ・フランセ（驚くべきことに同校では非常勤講師が交通費や有給休暇さえ与えられていないそうです）で８月にストライキが取り組まれました（その後、西武百貨店の労働組合も 61 年ぶりにストライキを行ったことは記憶に新しいところです）。

　大学非常勤講師も、大学専任教員と同程度の研究業績を示さなければ教壇に立てないので研究者です。と同時に労働者でもあるので、組合を結成し、ストライキに訴えることが労働者の権利としても、使用者側と対等に交渉する上でも必須であるし、また効果的であることを我われは学びました。労働者として雇用安定を求め、たたかいに立ち上がることこそがやはり常に重要です。

外国人労働者の不安定・劣悪な働き方

首都圏移住労働者ユニオン書記長　本多 ミヨ子

はじめに

　厚生労働省は毎年「外国人雇用状況の届け出状況」を発表しています。外国人の雇用状況を届け出ることは、外国人を雇用するすべての事業主の義務ですが、実際には届け出ない事業主もあり、そしてその多くは企業規模の小さい事業所と推測され、この統計は必ずしも正確とはいえませんが、現状を一定程度反映していると考えられます。2023年10月末現在の届出状況によると、外国人を雇用する事業所数は31万8775か所、外国人労働者数は204万8675人となっています。産業別の事業所数は「卸売業、小売業」が最も多く18.7%、労働者数は「製造業」が最も多く27.0%となっています。事業所規模では「30人未満」規模の事業所数が最も多く、全体の61.9%、労働者数の36.1%となっていますが、前述したように実際にはもっと多いと思われます。

　「外国人労働者」と一口に言っても、賃金が月100万円のIT技術者もいれば、最賃以下の賃金で働かされている労働者もおり、一括りにはできないのですが、外国人特有の働きにくさ、外国人であるがゆえに日本人には発生しない問題もあります。以下では、労働相談のなかから見えてきた特徴的な事例をあげながら、改善策を考えていきます。

1　入国管理庁への申請書が守られない事例

　外国人は、在留資格を得るために雇用主が発行した申請書を入国管理庁に提出します。この申請書には、賃金、労働時間、雇用形態、雇用期限な

どが記載され、入国管理庁はこの書類を審査して、「日本にとって有用」な外国人の入国を認めることになります。賃金は「日本人と同等またはそれ以上」と定められており、賃金が低いと在留資格（以下、通常使われているビザといいます）が下りません。そこで雇用主はビザが下りるよう

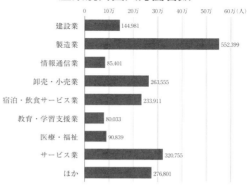

(出所) 厚生労働省「外国人雇用状況の届け出状況」(2023年10月末)

に賃金設定をします。ところが、これが守られません。実際に払われるのは、申請用紙に書かれている額の半分という例は珍しくありません。

　台湾出身のSさんが勤めたのも悪質な会社でした。記者として採用され申請書には「月20万円、期間の定めなし」と書かれていたので安心していたのですが、実際に払われたのは多い月で10万円足らず、思いあまって社長に問いただすと記事1本いくらの出来高払いでした。本人は聞いた覚えがないのに、社長は「ちゃんと説明してあなたは納得した」と言い張り、「賃金その他は個々の交渉によって決まる」との原則もあり、「労働者個々の力は弱いから労働組合が必要なのだ」を地で行くような残念な結果になりました。

　これを防ぐには、「外国人を雇用する場合は、労働条件は入国管理庁に提出した申請書の内容を下回ってはならない」と法律で定め、「個々の交渉」の例外とすべきだと考えます。

2　労働契約書が発行されない事例

　組合への相談で一番多いのは、インドレストランのコックさんからの相談ですが、ほとんど契約書が発行されません。特にオーナーが外国人の場

合に顕著です。自身の労働条件が明らかにされていないのですから、雇用主の言うがままに働くことになります。国によって違いはありますが、「契約書をくださいと言うとクビになる」と怖れ、何も言うことができない人が多いのです。厚生労働省は「労働契約は、本人のわかる言語で作成することが望ましい」としていますが、ほとんど守られていないのが実態です。

3 労働基準法が守られない事例

一番多い相談は残業代未払いで、ほぼ例外なく長時間労働です。

Mさん（41歳・男性・コック）は、2018年2月から毎日9時30分〜22時（休憩2時間）、月26〜27日働いてきました。支給された賃金は定額で14万円、ここから所得税、住民税が引かれていました。組合が計算すると未払い賃金は約500万円、幸い会社側に代理人弁護士がついたので、本人も納得のいく額で和解することができました。

Kさんは建設関係の会社で働いていました。朝会社に行くのは6時から7時くらい、車で現場に行き、帰りは22時過ぎることも珍しくありません。これはKさんだけでなく、他の従業員も同じでした。ところが、賃金明細書を見ると、1日2時間分しか残業代が払われていません。他の従業員も同じだと思われます。Kさんの持って来た資料から組合が計算したところ、2年分だけでも300万円近いことがわかりました。本来なら日本人労働者に声をかけ、組織化したいところですが、本人が「もうここはいやだ」と退職してしまったので、とりあえずKさんの未払い分を請求しました。まだ交渉は続いています。

これらの事例は外国人特有のものではなく、Kさんの会社のように日本人にも未払い賃金が発生しているはずです。組合結成が急務です。

4 解雇事例

解雇も相談件数の多い分野です。

外国人労働者の不安定・劣悪な働き方

　埼玉県川口市にあるカトリック教会のシスターから「いま、栃木県足利市のベトナム人2人から電話があって、会社の社長が飛行機のチケットを持ってアパートに来ている。すぐ国へ帰れと言っているがどうしたらいいか」と電話が入ったことがあります。「帰らないと社長に言って、すぐ教会に来てもらってください。私も行きます」と答え川口市に向かいました。

　2人は「技術・人文知識・国際業務」という労働ビザで働いていましたが、「賃金は21万円のはずだったが、毎月振り込まれるのは12万円だけなので、『おかしい』と言ったら『チケットをとるからすぐ国へ帰れ』と言われた」というものでした。本人たちはこの会社にすっかり嫌気がさし、最終的には未払い賃金を払わせて退職したのですが、この会社も日本人にも未払い賃金が発生しているかもしれないと考えさせられました。

　Hさんは31歳の若いお母さんです。モンゴルから留学生として来日し、学校を出た後、東京のIT会社に就職しました。日本で知り合ったモンゴル人男性と結婚し、小学生の7歳の子どもがいて充実した毎日を送っていました。ところが突然「神戸本社へ行くように」と言われびっくり。夫は自宅近くで働いているし、小学1年生の子どもがいるから、神戸に行けるわけはありません。「行けません」と言うと「じゃあ、辞めるしかない。正社員は転勤を命じられたら断ることはできないから」と言われ辞めるしかないと思い、「辞めますけど、理由は会社都合にしてください」と言うと「自分が神戸に行けないから辞めるんだから、自分の都合でしょ」と取り合ってくれませんでした。Hさんは、組合の指示に従い「退職理由は、神戸への転勤を命じられたが、行けないため」との退職届を書き、それを会社に提出しましたが、会社は受け取りを拒否、交渉の末いやいや受け取りました。「正社員は転勤を断ることはできない」などと嘘をついて退職を強要にするなど許しがたいことです。

　Sさん（32歳・女性・ネパール人）は、派遣会社から都内の有名量販店に売り場の通訳として派遣され、2か月更新で1年以上働いてきました。日本で働いている夫もネパール人で、待望の妊娠が判明し2人は喜びにひ

たっていました。派遣元及び派遣先に妊娠を告げたところ、量販店側から「妊娠したのなら身体を大切にしないといけない」と言われ、親切心で言ってくれたのだと思っていたのですが、次の更新ができず雇い止めになってしまいました。理由は「総合的判断であり具体的には派遣先での成績」とされましたが、派遣先で注意を受けたことは1度もありません。組合は「真の理由は妊娠したことにあり認められない。雇用の継続をはかるように」として団体交渉を申し入れましたが、Sさんが体調を崩して「ゆっくり休みたい」と申し出たことから、会社に抗議文を出して終了としました。

　留学期間が終わり、東京に本社のあるブライダル会社に就職したMさんは台湾の女性（28歳）、美大卒を生かしておもにデザイン関係の仕事をしていました。ところが試用期間の3か月が過ぎようとしていた頃、突然解雇されました。理由は首の後ろ側にある小さなタトゥー、図柄はハートとハングル1文字だけ。とても小さなものでMさんは「ちゃんと意味があるものだし、別に悪いことではないから」と面接時も隠すことはしていませんでしたが、面接官は気付きませんでした。入社してからほどなく上司の女性が気付きましたが、仕事中だけシールを貼ればいいからと言われ、そのアドバイスに従って支障なく仕事をしていました。解雇を言い渡されたときは納得できませんでしたが、仕方がないと思い会社を辞めました。組合はMさんから話を聞き、解雇は不当であると判断しました。すでに他の職場で働いていたことから職場復帰は求めず、失業していた期間の賃金の支払いを求めることにしましたが、会社は団体交渉を拒否し労働審判を申し立てました。会社側が労働審判を申し立て、組合が受けて立つのは組合として初めてでした。最終的には裁判所の和解案を双方が受け入れ解決しましたが、他人に不快感を与えない小さなタトゥーが解雇理由になるかを考えさせられる事例となりました。

5　日本語の書類にサインさせられた事例

　Kさんは、「出産するとき、事前に社長に『産休明けから育児休業を取

りたい』と言ってあったので手続きをお願いしたら、書いた覚えのない退職届を出してきて、もう退職しているのだから、育休など関係ないと言われた」と相談にきました。退職届は日本語でプリントアウトされたもので、退職者欄にKさんの名前が書かれていて、サインもありました。しかしKさんは退職する気などありませんので、退職届を書くはずもなく、署名もサインもKさんが書いたものではありません。つまり偽造されたものだったのです。組合は、会社に事実関係を確認しましたが、社長は「私の目の前でサインした」「夫の暴力に怯え、職場で泣いていることもあった（実際は国の父親が亡くなったので悲しくて泣いていたことが判明）」などとうそを重ね、解決の姿勢を見せません。組合は、育児休業がとれていれば雇用保険から支払われるはずだった金額を払わせるために労働審判を提訴、和解で解決しました。

　インド人IT技術者のRさん（32歳・女性）も、虚偽の説明を受け退職届にサインさせられました。Rさんは「1年だけ契約社員で働いてほしい、その後は正社員にするので給料も上がる」と言われましたが、1年後にも正社員になれませんでした。「もう1年だけ」と言われ、我慢しましたがその後も正社員にしてくれません。高度な技術者であるRさんは自分の仕事に自信を持っていましたので、契約社員での賃金は少ないと思い会社に何回も掛け合いました。ある日会社が1枚の書類を持ってきて「これは正社員になるための書類です。署名してください」と言いました。日本語で書かれていたので内容はわかりませんでしたが、Rさんは会社の説明を信じて喜んで署名しました。ところがこれが退職届だったのです。Rさんにまったくその気がないのに、退職の事務手続きは進み、「何か変だ」と思ったRさんが組合に相談にきたのです。会社は「本人には英語で説明した。内容はわかっているはずだ」と主張して譲らず、署名は本人のもので間違いないのですから、退職を覆すことはできませんでしたが、本人も職場復帰は望まず、かなり多額の解決金で和解しました。

6 労働災害事例

労働災害事例も多く寄せられます。

2018年から埼玉県戸田市の印刷会社で働いてきたインド人のKさん（42歳・男性）、2021年11月、安全装置のついていない製版用機械に手を挟まれ、右手人差し指と中指を骨折してしまいました。病院には上司がついていってくれましたが、治療している途中で治療費も払わず帰ってしまったのです。Kさんはそのまま入院し、ボルトを入れる手術を受け、1週間後には退院しましたが、この間会社からは誰も一度も来ませんでした。日本にいる親戚が駆けつけてくれ、治療費も払ってくれました。

退院したこと、親戚の家にいることを会社に知らせましたが、何も言って来ませんでした。約1か月たった12月末、会社から「明日から来なくていい」と電話が来て、翌日20万円が振り込まれ、それきり電話にも出なくなりました。

「今後回復の様子を見ながら、ボルトを抜く手術をしなくてはならないのに」と思いあまったKさん、親戚の人に連れられて組合に相談に来たのです。会社に連絡し労災の手続きをとらせましたが、組合につながらず泣き寝入りしている人が多いと思われます。労働組合が地域に根を下ろし、困っている人が誰でもすぐ相談できる体制が必要だと痛感しています。

7 技能実習制度がもたらす人権侵害──「育成就労」創設法案は人権を守れるか

技能実習制度は国際的に多くの批判を浴びてきました。国連人種差別撤廃委員会から「劣悪かつ虐待的、搾取的な慣行」と指摘され、ILOから「強制労働に等しい虐待的慣行や労働条件から、実習生を完全に保護するための措置を執るよう政府に強く要請」され、米国務省から「労働における人身取引」だと改善を求められました。

近年社会問題化しているのは、女性技能実習生の妊娠問題です。実習生

はそれぞれの送り出し国で誓約書を書かされることが常態化しています。そのひとつに「妊娠したら帰国する」との項目があります。技能実習生はほとんどが若者ですから、ときには妊娠することもあります。「生みたいし実習も続けたい」と考えたとき、この項目がそれを妨げます。誰にも相談できず孤立出産するしかない状態に追い込まれ、生まれた子どもが低体温症で死亡してしまうこともあるのです。このときは、殺人罪が適用され、裁判にかけられます。2021年3月、立憲民主党参議院議員の牧山ひろえ氏が「実習生の妊娠・出産やそれを契機とする技能実習の終了及び帰国等について、政府は過去分も含め実態を把握しているか」と質問趣意書を提出しました。政府は「その届出内容から、妊娠又は出産を理由とすることが把握できるものに係る人数は、法が施行された2017年11月1日から2020年12月31日までの間において637人である」と回答しました。実際にはこれより多いのは確実です。「もう実習はやめると本人が申し出た」「家族と会いたくて、精神的に不安定になった」などの理由をつけて帰国させることが行われているからです。後日の追跡調査で、このうち再入国して技能実習を続けたと確認できた実習生はわずか11人でした。女性労働者が妊娠したら産前産後休暇を取得し、その後職場に復帰するのは当然です。これは基本的人権が守られていないということで、先進国とは到底いえず、直ちに改善されなければならない重要問題です。

　2024年3月15日、政府は技能実習制度の抜本改正として「育成就労制度」創設を閣議決定しました。抜本改正といいながら、目的がまったく変わっています。技能実習制度は厚生労働省のホームページに「外国人技能実習制度は、我が国が先進国としての役割を果たしつつ国際社会との調和ある発展を図っていくため、技能、技術又は知識の開発途上国等への移転を図り、開発途上国等の経済発展を担う『人づくり』に協力することを目的としております」と書かれています。実態は使い捨ての低賃金労働者だったとしても、目的は一応「国際貢献」「技術移転」だったのです。しかし育成就労制度は「特定技能1号水準の技能を有する人材を育成、確

保」が目的と明記されています。つまり日本で長く働かせるための人材を育成するとしており、日本にだけ都合のいい制度に変えようとしているのです。

目的が大きく変わっているにもかかわらず、制度設計はほとんど変わっていません。政府は法案を成立させ2027年から施行する意向ですが、これにより問題が解決することはありません。撤回すべきだと考えます。

おわりに

長時間労働や残業代未払いなどは、昨今の日本人労働者にも見受けられる問題であり、労働組合への組織化が最重要課題ですが、外国人労働者の場合は日本人には起こりえないような問題点が多く発生しています。これを解決するためには、「外国人を雇用する時は、すべてハローワークを通さなければならない」と決めることが一番の近道だと思います。信じられない長時間労働、労働基準法違反、理不尽な解雇など、これまで述べてきた事例は、すべてインターネットや知り合いの紹介などで、公の機関を通したものではありません。日本人よりさらに弱い立場の外国人労働者は、特別の保護があってしかるべきです。

さらに個々の労働現場での取り組みとあわせて、法整備が必要です。歴代政府が強固にとり続けている「移民政策はとらない」との方針はすでに破綻しています。どんな仕事でもすることのできる「身分に基づく在留資格」（永住者、特別永住者、日本人配偶者、永住者の配偶者、定住者）で滞在する外国人数はすでに全体の50％を超え、この傾向は強まっています。

「労働力としての外国人はほしいが、生活者としての外国人はいらない」「若い元気な時に数年働いて帰国してほしい」との考えからは、人権に配慮した人間らしい労働環境の整備はもちろん、生活全般に渡る差別や偏見、排外主義を根絶する方策は出てきません。「外国人は文化の運び手」という言葉があります。多文化共生は日本社会を豊かにします。包括的な移民政策をつくることが何より重要な時期に来ていると考えています。

劣悪で不安定な条件で働く高齢労働者の実態

建交労東京都本部事業団・高齢者部会長　赤羽目 寛

日本における雇用の実態は、終身雇用制から派遣労働の導入、パート、アルバイトの増大により大きく様変わりし、日本国内で働く 40% の人が不安定雇用労働者と言われています。そのなかで、高齢者の就労実態とその問題点、そして高齢者の収入と支出の実態を紹介します。

1　高齢者世帯の家計の実態

無職である高齢者世帯の家計は 2020 年総務省家計調査報告によると高齢者の単身世帯での収入は年金と働いた賃金を合わせ月 13 万 6964 円、高齢者夫婦世帯で 25 万 6660 円、単身者の支出は 14 万 4687 円で月 7723 円の赤字、世帯の支出は 25 万 5550 円で 1111 円の黒字となります。しかし高齢者世帯で年金のみの収入では 4 万 7455 円の赤字となります。これを見ると日本の年金制度では、多くの高齢者が働いて別収入を得るか、貯金額を切り崩さなければ生活できない実態がわかります。

このように年金だけでは生活できない高齢者が増えているのに仕事にもつけない高齢者は生活保護に頼らざるを得ず、その実態も明らかになっています。厚生労働省調べによる 2022 年度の確定値では被保護実人員は減少傾向にありますが、高齢者世帯は全体の 55.6% を占め毎年増加傾向にあります。生活保護に頼らず、働いて生活をしたいと思う高齢者が増えていることは統計上でも明らかです。

2 働きたい高齢者が増えてきている実態と、その就労実態について

　①高齢者の就労人口は年々増加しています。2010 年と 2020 年を比較すると、15 歳以上人口に占める労働力人口割合は 65 〜 69 歳までが 37.7％から 51.0％に、70 〜 74 歳で 22.0％から 32.5％に、75 歳以上で 8.3％から 10.5％になるなど、年々増加傾向にあることがわかります。統計上で何歳まで働ける社会が理想かを問うたアンケート結果では 2010 年で「75 歳以上 80 歳」と「年齢を問わず働きたい」の合計が 35.4％だったのが、2020 年には 43.6％と 8.2％増えています。

　そのなかで就労形態は圧倒的に非正規雇用が多く、2020 年のデータで非正規就労率は男性 60 〜 64 歳 46.7％、65 〜 69 歳で 69.9％、70 〜 74 歳で 73.9％、75 歳以上で 75.0％となり、年齢が上がるほど上昇しています。女性の場合はさらに高く平均 65 歳以上で 82.0％になります。

　②高齢者の就労はほとんどが非正規・短時間労働となっています。そこで働く賃金・労働条件は、非正規雇用労働者の 2021 年国税庁の調査によると平均年収は 198 万円で、正規雇用の 508 万円と比較すると極めて低くなっています。さらに高齢労働者の場合低く、2020 年の連合の「高齢者雇用に関する調査」では 60 歳以上の非正規で働く場合の月収 13 万円、年収に換算すると 156 万円と低くなっています。これがさらに 70 歳以上の人の場合さらに低くなっています。

　以上の状態から日本においては 65 歳以上になっても年金収入だけは生活できない実態であり、働きたい高齢者が多く存在しています。このように生活のために働かざるを得ず、働きたい高齢者が増えているのが現状です。そのなかで高齢者の就労実態はどうなっているでしょうか？　国が高齢者就労の目玉として行ってきたシルバー人材センターの就労の実態について触れてみます。

劣悪で不安定な条件で働く高齢労働者の実態

3 高齢者就業の施策シルバー人材センターの就労の実態

①高齢者雇用安定法のもと、1986年に高齢者の「生きがい就労」として制定されたシルバー人材センターですが、2022年以降企業における継続雇用が義務づけられたこともあり、最近の統計では会員数の登録がピーク時2009年の79万1589名から2022年の68万1739名と登録者は減少傾向にあります。全国の事業所数は1340か所・3110億円の契約額です。そこで働く人は、月平均10日間就業、週20時間程度が上限で、平均月収は平均3万5000円、となっています（「東京新聞」2022年9月18日）。

②シルバー人材センターにおける問題点は請負事業としての就業のため、労働基準法、労災保険、労働安全衛生法などの労働法の適用除外となり、とりわけ職務上でおきた事故について十分な補償がされず社会問題となっています。2022年9月22日の「東京新聞」では「シルバー人材安全置き去り」として80歳の方の失明事故を報じています。その方は、大阪府内の私大構内を狩り払い機で作業していました。その作業現場は30度の急斜面、湿気で保護眼鏡が曇り、足元が見づらく眼鏡をはずして仕事をしていたとき、泥が左目に入ったことが原因で片目を消失しました。シルバー人材センターから支払われたのは損害保険から治療費程度で、後遺症の補償もありませんでした。そのために損害賠償を民事裁判に訴えたところ、センター側が和解金を支払うことで和解解決したというものでした。

このようにシルバー人材センター内で起きた就業中の事故件数は、2011年度には1000人あたり4.9件、2021年度は5.7件と増加傾向にあります。事故死亡と6か月以上の入院を含む重篤事故も2021年度までの5年間で143件（うち事故死亡94件）、これは5年前の数よりも増えています。シルバー人材センター会員は労災保険適用除外とされているだけではなく、安全衛生も働き手本人の自己管理に任されるという構造的弱さがある、と専門家は指摘しています。

③シルバー人材センターは働く高齢者は請負労働であるため、今後イン

ボイス導入により消費税の支払いをどのように行なうかのかも問題になっています。実際支払われている配分金には交通費や会費などの諸経費も含まれており、さらに消費税も支払うことになれば手取り額が最低賃金を下回る懸念も生じています。現に最低賃金を下回る配分金で働いている実態はあちこちで報告されています。このように国が高齢者就業として行っているシルバー人材センターには、生きがいなのか生活のためなのかあやふやな面があり、会員の要望としては生活にために働きたいとの意見が増えてきているにもかかわらず、いまだ中途半端な施策となっています。

4　生活困窮者自立支援制度について

　シルバー人材センター制度以外に、国や東京都が行おうとしている就労支援制度が2つあります。次にそれを簡単に紹介します。

　①国は2015年度から生活困窮者自立支援法を施行して、働きたくとも働く場所がない、住むところがない、お金がないなど生活に困窮している人に各自治体に相談窓口を設けて、様ざまな相談に取り組む制度をつくりました。その内容は、自立相談支援事業（就労準備支援事業、就労訓練事業、一時生活支援事業、家計改善支援事業）と住居確保給付金の支給（住む家のない方に一定の期間家賃相当額を支給する）です。

　建交労伊丹支部においては伊丹市とタイアップしてこの事業に取り組み、全国的にも評価される大きな実績を上げています、しかし全体としては普及がいまひとつで就労困難者の受け皿としての役割を果たすにはもう少し検討が必要であると思われます。

　②東京都は2019年にソーシャルファーム条例を創設し、就労困難者の就労支援の制度を開始しました。この制度は東京都が認定した就労困難者を一般企業の1事業所あたり20％以上採用して一般就労させた場合に、その人件費部分については東京都が補助金として援助する仕組みです。ソーシャルファーム認定団体が東京都の委託事業など受ける場合には積極な活用をはかるとともに、総合評価方式で落札者を決定するとなってい

劣悪で不安定な条件で働く高齢労働者の実態

す。また、運営に必要となる運転資金や設備資金の調達への支援を行うと
なっています。現在発足したばかりでソーシャルファームの認定団体が
42 か所、予備認証団体が 26 か所であり、どれだけの効果を出せるかは、
これからの課題です。

5 建交労高齢者事業団で働く高齢者の就労実態

　建交労は 1999 年に全日自労・建設一般、運輸一般、全動労の 3 単産が
合同してできた組合です。そのなかで全日自労は失業対策事業で働く人た
ちで構成された組合で、失対事業の終息と合わせ労働者みずからが出資し
事業を行う事業体である高齢者事業団を結成し、そこで働く人は建交労に
組織されています。そこで働いている人たちはほとんどが高齢者であり、
その実態を明らかにすることによって日本の高齢者の低所得者の実態と問
題点を見ることができます。

　建交労は毎年春闘時に、建設、運輸、ダンプ、学童クラブ、高齢者など
各産業別にアンケートを取って、その生活実態と要求を集約しています。
2023 年春闘は高齢者事業団で働く人たち 956 人のアンケートが集まって
いますので、それにより実態と要求を見てみます（次ページの図参照）。

　▲高齢者事業団で働く人の平均年齢は 72 ～ 73 歳です。

　▲働く人のなかで生活保護受給者は 3.3 ％です。事業所別でみると 3 ～
4 割のところもあります。

　▲そのなかでの年金受給者は 67.3 ％で、年金の種類は国民年金が
23.8 ％、厚生年金が 55.2 ％となっていて、受給額は平均で月 10 万円未満
が 53 ％でした。

　▲生活費の実態は食費が 53 ％で 1 番、その次が水道光熱費 43 ％、次い
で税金・社会保険料、医療費、住宅費で、教養娯楽費は 1.4 ％です。最低
限の生活するための費用がほとんどです。

　この生活実態の内容は、年金が月 10 万円以下の人たちが高齢者事業団
で働いてさらに月 5 ～ 8 万円の収入があった人たちのものです。月 18 万

123

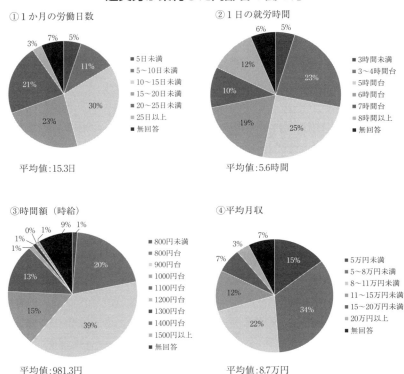

(出所）建交労「2023年春闘アンケート」「高齢者」に数値データあります

程度以下の収入では生活するのが精いっぱいの状況です。このように高齢者事業団で働く人の多くは年金収入だけでは生活できず、少しでも働いて生活の足しにしたいという思いの人が多くいます。その実態について、3名の方に取材しました。

①Aさん

　1945（昭和20）年生まれで現在77歳。妻と2人暮らし、妻は足と腰を痛めており就労は困難で、現在は病院通いです。Aさんも8年前に脳に

劣悪で不安定な条件で働く高齢労働者の実態

腫瘍が見つかり片目が見えなくなっていました。医者に手術を勧められ、鼻からパイプを通す手術をしてそれは成功したのですが、その後、腸と胃にガンが見つかりレベル4と言われました。その手術も成功し現在は月に1回定期健診を行っています。現在は通常の仕事に戻り月15～17日働いています。現在の生活は年金が国民年金と厚生年金を通算して月に約10万をもらい、妻の国民年金7万円を合わせて17万円、それに事業団で働いて得る約10万円を合わせ、27万円で生活しています。家が持ち家であるため何とか生活できていますが、これで家賃を取られたら生活は大変です。今後のことを考えると、事業団で働けなくなった場合、蓄えもそうないので、月17万円で生活ができるのか、すごく不安だと話しています。

②Bさん

1946（昭和21）年生まれで現在76歳。群馬県生まれで独身。中学卒業後亀戸にあるネジ工場に就職、そこを3か月で辞め木場にある材木屋で結束の仕事を行っていました。この仕事は材木をひとつ束ねていくらという請負制の賃金で、年金も社会保険にも加入していませんでした。そこで30年以上働きましたが、木材産業が衰退し製材工場が閉鎖に追い込まれて職を失い、その後はダンボールの運搬作業の運転手として働きました。そこで働いたときに厚生年金をかけていたため、現在は国民年金と通算して月約7万円の年金をもらっています。ダンボール会社を68歳で辞め、その後は細々と貯金を切り崩して暮らしていましたが、事業団を紹介されてそこで働くようになります。そのおかげで、毎月約8万円の収入が得られ、何とか生活保護をもらわず生活できています。

現在の生活の実態は家賃5万円、それに水光熱費、携帯代、保険料などを支払うと食費に回す分がわずかになり、朝食・昼食などはコンビニでパンやおにぎり、カップヌードルを買ってすませ、夜にワンカップを1本飲んでご飯を食べる程度です。それでも事業団で働いているおかげで生活保護に頼らず暮らしていますが、これで働けなくなったら生活保護を頼らざ

るを得ません。

③Cさん

　1954（昭和29）年に長崎県で生まれ育ち、工業高校を出て地元長崎で働きますが、30歳になって東京に出てきます。東京に来てからはトラックの助手、紙屋、大手各新聞配達、パチンコ屋などで働きましたがそこが倒産し、様々なアルバイトを重ねますが長続きせず、結局生活保護をもらうことになりました。東京・足立区にある無料・低額宿泊所に世話になり、その後は同じ施設である江東区にある「さざなみ苑」に移り、そこでハローワークでの仕事探しや、就労支援センターなどに通う生活となります。なかなか仕事が見つからず、ある人の紹介により高齢者事業団で働くことになりました。現在69歳ですが厚生年金・国民年金に加入していないため無年金であり、今後もその状態は続きます。現在は、高齢者事業団で働くようになり、安定して月8万円の収入があるため「さざなみ苑」を出て生活保護を返上し、自立しています。しかし楽な生活ではありません。住居は共同アパート1部屋、クーラーはなし、トイレ・水道・炊事は共同で、電気代、水道代、ガス代込みで月3万5000円、食事を切り詰めて何とか生活している状況です。将来高齢者事業団で働けなくなったら、生活保護に頼らざるを得ません。

6　今後日本の高齢者が豊かに暮らすため何が必要か

（1）消費税増税によらない最低年金制度の確立が何よりも大事

　Cさんのように、職業を転々とし、不安定就労やアルバイトを重ねてきた人は、年金を掛けたくても掛けられない働き方になっています。無年金者の数は全日本年金者組合の調査では100万人いると言われています。

　またBさんのように、国民年金と通算年金では10万以下になり、風呂付きアパートには入れません。このような人を救うためには保険料なしで20歳以降10年以上日本に居住するすべての高齢者に8万円支給する年金

制度が必要です。この主張は全日本年金者組合が発足当時から掲げている目標です。このことは民主党がマニフェストで主張し政権につきましたが、残念ながら、実現しないまま政権を去りました。自民党内でもそのことを主張する人もおり、多くの人がその必要性は認めています。早期に実現することが求められます。

（2）高齢者のための公的就労対策の充実が求められている

　最低年金制度の実現には時間がかかるとしても、国と自治体が高齢者の就労対策（公的就労事業）を本格的に取り組めば、多くの高齢者の生活が保障されます。そのひとつとして高齢者雇用安定法の5条、40条にある内容について、現在シルバー人材センターを唯一の援助・育成団体として補助金も出し、公的委託仕事も随意契約で出していますが、この法律の対象団体はシルバー人材センターだけでなく、民間の自主的に高齢者の就労を促進している団体にも適用されることになっています。仕事の提供も自治法施行令が改正され、シルバー人材センターに準ずる規定を各自治体が作成すれば、随意契約で仕事の提供ができることになっています。それを本格に実施すれば、まだまだ生活のために働かなければならない高齢者の就労援助となります。

（3）女性、高齢者、障碍者等の労働条件の改善が求められている

　政府はいま「同一労働同一賃金」や「働き方改革」を言っていますが、現実には女性、高齢者、障碍者などの労働条件は正規雇用の賃金・労働条件と大きな差があります。それを改善するためにはまず最低賃金の引き上げを行うことが求められます。それを可能とするためには、中小事業主への支援策の抜本的な強化、公契約条例の全国での実施、荷主、施工主などに対する適正価格の義務付けの法制化などが必要です。

　これらを行うための働く者の意識改革も必要です。教育やマスコミを通じ、国民にそのことの重要性を知らせる義務が国にはあります。

日雇労働者の労働・生活と社会保障の課題
―釜ヶ崎から―

西成労働福祉センター労働組合　海老 一郎

はじめに

　日本最大の日雇労働市場である釜ヶ崎（あいりん地域）は、これまでわが国の経済・労働政策の調整弁として、各地で失業した労働者が全国から仕事を求めてやって来る人たちを受け入れてきました。

　1990 年代のバブル経済崩壊を契機として減少の一途をたどった建設日雇労働市場は、その後、2008 年のリーマン・ショック以降は、全国各地から製造業で首切りにあった派遣労働者をはじめとする不安定就業者の受け皿となってきました。

　ここでは、これまでの釜ヶ崎における日雇労働者の労働・生活の実態から雇用・失業及び社会保障制度の課題を探り、一層不安定な状況に陥っている地域労働者の実態と新たに構築されたセーフティ・ネットの現状について述べたいと思います。

1　バブル経済崩壊を契機とした状況と課題

　1989 年に 187 万人をピークとした年間日雇求人数は、1993 年には 88 万人にまで落ち込み、とくに 90％を占めていた建設業では、高齢労働者が現場から排除されていきました。1998 年大阪市内では野宿を余儀なくされる人びとが 8660 人を数えました。その結果、釜ヶ崎を抱える大阪市西成区では行路死亡人が増加し、1998 年には 100 名を超える野宿者のなかから「集団赤痢」が発生しました。

　日雇労働者の権利としての社会保障制度は、おもに雇用保険日雇労働者

被保険者手帳と健康保険日雇特例被保険者手帳があります。いずれも給付を受けるためには 2 か月で 13 日分の印紙を貼付しなければなりません。しかし、仕事に就くことができなければ受給資格を得ることもできないのです。

　また最後のセーフティ・ネットである生活保護制度は、釜ヶ崎では大阪市が生活保護法に基づき簡易宿泊所での居宅保護を認めていませんでした。そのため、病院や施設での収容保護という制限的な処遇に終始し、「退所や退院後は即野宿」という実態を生んでいました。

　このような厳しい現状のなかで、1993 年 9 月地域の日雇労働者で組織する「釜ヶ崎日雇労働組合」は、「釜ヶ崎キリスト教協友会」などで構成する「釜ヶ崎就労・生活保障制度実現をめざす連絡会（反失業連絡会）」を結成し、国・大阪府・大阪市に対して、特別就労対策を求める闘争を開始しました。また、私たち「西成労働福祉センター労働組合（センター労組）」は、同年 12 月から「釜ヶ崎（あいりん）地区高齢労働者の雇用対策を緊急に求める要望書」に 219 団体署名を集めて、国や大阪府との交渉を進めました。1994 年 6 月末には、「反失業連絡会」は、西成労働福祉センター（センター）と窓口交渉を行い、大阪府と大阪市の財源による高齢者特別清掃事業の実現を同年 11 月から実施させました。しかし、この公的就労対策の実施規模は、55 歳以上の高齢者日雇労働者を対象に、940 名の登録者に対して 1 日当たりの紹介人数はわずか50 名というもので、雇用・失業対策というには名ばかりのものでした。

2　リーマン・ショックを契機とした状況と課題

　2008 年 10 月のリーマン・ショックの影響で、製造業の派遣労働者が「派遣切り」に遭い年末には「日雇派遣で就労先を解雇され、名古屋から歩いて仕事を探しに来た」と建設経験のない労働者がセンター窓口を訪ねるケースが目立ってきました。

　釜ヶ崎では前述のバブル経済崩壊後の年間日雇求人数が 2009 年度には

32万人にまで落ち込んでいました。求人状況が悪化するなかで、大きな役割を果たしたのが1999年6月から始まった国の緊急雇用対策である「緊急地域雇用特別交付金」と2001年10月から2004年度末まで実施された「緊急地域雇用創出特別交付金」でした。

これらの基金を活用して大阪府と大阪市は、高齢者特別清掃事業の規模を拡大したほか、府内や大阪市内の森林や公園等の現場の環境美化作業に釜ヶ崎の日雇労働者を雇用しました。また、センター労組は、失業者の雇用を積極的に進める事例をまとめ、全国に発信しました。

また、2001年度から始まった国の「日雇労働者等技能講習事業」は、当初受講対象が日雇労働者とされていましたが、その後、野宿を余儀なくされる労働者を対象に事業が運営されることになりました。この事業をセンターが受託し、今日まで日雇労働者に対して建設業だけでなく、介護や清掃、パソコンなどの職種転換に必要な技能資格の取得を進めています。しかし、この制度は、当時、公共職業安定所で実施されていた「公共職業訓練」（訓練手当支給）や2009年7月から緊急雇用対策として実施された「緊急人材育成支援事業」の「基金訓練」（訓練・生活支援給付支給）のような生活保障はありませんでした。

生活保護制度の運用改善が大幅に進んだのはこの時期でした。野宿を余儀なくされる人びととそれを支援する人たちが裁判闘争によって違法な取扱いを覆していきました。また2002年8月に制定された「ホームレスの自立の支援等に関する特別措置法」を契機として国は様ざまな通達を出し、地方自治体は生活保護の改善をせざるを得なくなりました。この動きは2008年12月、東京日比谷公園での年越し派遣村での生活保護相談などを背景に、国は現在地保護の徹底や保護の方法を居宅で行うことが改めて通達で明文化されました。

3 2020年代の日雇労働者の現状と課題

バブル経済崩壊直前（1989年）の187万人をピークとした年間日雇求人

日雇労働者の社会保障としての日雇雇用保険及び健康保険日雇特例取扱状況・労災保険特別加入の一人親方等の状況

年度	日雇（万人）	日雇労働被保険者手帳所持者数（人）		健康保険法第3条第2項〔日雇特例〕被保険者手帳所持者数（人）		労災保険特別加入における一人親方等の加入者数（人）		
		全国	あいりん労働公共職業安定所	全国	玉出年金事務所	全産業（全国）	建設業（全国）	大阪府（全産業）
2010	104	21,638	1,547	11,716	464	387,394	368,046	28,690
2011	※ 102	20,031	1,432	11,917	375	395,121	376,795	29,979
2012	107	19,345	1,494	12,620	359	414,308	397,181	31,416
2013	82	18,718	1,577	12,063	371	422,244	406,208	31,990
2014	74	17,098	1,507	12,283	332	438,473	423,960	34,753
2015	74	16,421	1,420	12,784	294	465,062	451,049	38,481
2016	72	14,438	1,222	13,013	233	510,987	497,463	46,917
2017	70	9,489	853	11,542	170	569,906	556,622	62,000
2018	―	7,272	725	11,343	138	608,337	594,348	73,503
2019	―	7,080	698	11,514	129	626,953	613,986	75,384
2020	―	6,888	616	10,989	103	654,148	641,487	80,826
2021	―	6,748	565	11,289	90	652,408	638,300	75,609
2022	―	6,678	542	11,465	82	665,709	642,733	80,683

（注）※は福島・宮城・岩手を除く、日雇人数は全国平均である。なお労働力調査での「日雇」区分は 2017 年度までとなっている。それ以降は「雇用契約期間 1 ヶ月未満」が従来の「日雇」に該当する。あいりん労働公共職業安定所及び玉出社会保険事務所の数値は年度末有効手帳数。
（出所）総務省「労働力調査」、厚生労働省「雇用保険業務統計」「労働者災害補償保険事業年報」、全国健康保険協会「全国健康保険協会管掌保険事業年報」、公益財団法人西成労働福祉センター「事業報告」各年度版をもとに筆者作成

数は、2022 年には 17 万人にまで減少しました。その背景として、公共事業の大幅な削減や「コロナ禍」での経済状況の激変により建設業界の大幅なコスト削減が進んだことなどが影響しています。また大手ゼネコンの労働者の雇い入れ時の雇用条件の厳格化が大きく影響しています。

　2014 年 7 月に国は、「社会保険の加入に関する下請指導ガイドライン」

を策定し、現場入場作業員の保険加入や指導の強化と法定福利費の確保なども明記しました。しかしながら、このことが前述の日雇雇用保険や健康保険（日雇特例）制度の加入促進につながっていないのは、労働者と下請け事業所の両者にとって適用条件が厳格になり、法定福利費（保険料など）が負担となっていることが考えられます。

　また労働災害の発生は、日雇労働者にとって生命に関わる事態につながることになります。

　労働者災害補償法に基づく労災保険の適用は、日雇労働者の権利ですが、特に建設業界では重層下請け構造のもとで雇用関係の不明確さが支障となり、元請責任が果たされないことがあります。そのため、労災休業補償制度が受けにくくなり、休業中の生活に困窮をきたすケースが出てきます。センターでは、1966年4月から大阪労働局（当時は労働基準局）の協力を得て、労災休業補償給付の立替払い（受任者払い）を実施しています。

　日雇労働者には福利厚生を受ける機会が乏しいのが現実です。しかし、唯一「建設業退職金共済制度」は、日雇労働者であっても、手帳を有することができれば退職金を受け取ることができるものです。センター労組では、1999年大阪府生活関連公共事業拡大連絡会議（現在の建設関係労働組合大阪共闘会議）に加盟し、国や府、大阪市へ釜ヶ崎日雇労働者にもセンターの窓口で手帳の交付が実現できるよう働きかけました。その結果、2000年6月からセンター窓口で手帳交付の手続きを支援しています。

　一方、賃金不払いや未払いの労働相談も後を絶ちません。なかには賃金を支払わずに事業所が倒産してしまうケースも発生しました。1999年10月に発生した山梨県の朝日建設で就労した3名の日雇労働者の殺人事件では、そのうち2名が釜ヶ崎の日雇労働者でした。しかし、事件発覚後、事業所が倒産し、未払い賃金の労働相談が続発しました。センターでは、地元の労働基準監督署と連携を取りながら「賃金の支払いの確保等に関する法律」に基づき、立替え払いの手続きの支援を行いました。その結果、6年間で218件の相談を受け、192件が解決しました。

4　日雇労働者が抱える現在の課題

（1）「あいりん総合センター」の建て替え計画での労働施設機能の動き

　2011年に始まった「西成特区構想」では、「有識者座談会」を開催して
釜ヶ崎日雇労働市場の拠点として存在していた「あいりん総合センター」
の建物の耐震化問題と絡み、建替えの議論が始まりました。そして2015
年1月には府知事と大阪市長が「労働施設の現地建替え」を決定します。
当初の計画では、センターを南海電車高架下に仮移転し、約5年間の工事
を行い、現在の場所に新たな労働施設を建設する予定でした。しかし、
「あいりん総合センター」の閉鎖に反対する人たちが、現在も立ち退き訴
訟で係争中となっており、建設工事の目途は立っていません。こうした状
況が続くなかで、日雇労働市場としての釜ヶ崎は様ざまな課題を抱えて大
きく変貌しています。

（2）職業紹介の課題

　1976年5月に施行された「建設労働者の雇用の改善等に関する法律（建
労法）」は、釜ヶ崎（大阪市西成区・あいりん地域）、山谷（東京都）、寿町
（横浜市）など全国の主要な日雇労働市場を「特別地域」に指定し、不明
確な雇用関係の改善を目的に求人の募集方法を定めています。センターは
1961年8月に発生した「第1次釜ヶ崎暴動」直後に、それまで路上で行っ
ていた求人者と日雇労働者の間で行われるいわゆる「相対方式」という募
集方法においてセンター発行のプラカードによる求人労働条件の明示等を
介在した職業あっせんを行ってきました。そして2019年4月からは仮移
転先で早朝窓口による職業紹介を開始しました。

　本来なら「建労法」施行規則第3条には「（釜ヶ崎日雇労働市場を含む）
西成区で建設業の求人者が求人を行う場合は、あいりん労働公共職業安定
所（あいりん職安）が発行する「建設労働者募集従事者証」が必要とされ
ています。しかし、センターに登録し、求人募集をしている場合は、この

証明書は不要という取り扱いになっています。日雇雇用保険の適用の厳格化等で印紙購入通帳を持たない事業所が増えていくなかで、センターの未登録事業所が求人活動を行っていくことが課題だと思われます。にもかかわらず2023年4月からそれまで実施してきたセンター業務のうち「早朝の日雇労働市場の巡回（求人申込みや労働条件・求人動向の把握）の見直し」と「早朝職業紹介窓口の廃止」を府は財団当局に迫ってきました。センター労組は、労働者からのアンケートや国や府への要請も視野に入れた取り組み、地域の支援団体との意見交換を行いました。その結果、地元の団体の反対により府と財団は当初の提案を断念せざるを得なくなりました。

（3）「一人親方」の急増

　前述のとおり国の「社会保険加入」の動きは、労働者を保護する方向ではなく、「労働者性」を隠ぺいする方向へ進んでいるという懸念を抱く実態が生まれています。それは労働者を雇用する企業側の責任の回避であり、とくに重層下請け構造である建設業だけの問題でないでしょう。文字通り一人親方は事業主であるため、現場で使用する工事に必要な道具や資材は自己の負担となり、指揮命令系統は発生せず、その条件明示は「雇用契約書」ではなく「請負契約書」を締結するのが本来の形です。しかし、窓口に来所する「一人親方」が「会社から『一人親方労災』に加入するように指示されたが、どのような制度か」という相談があります。理由を聞くと「これまでは日雇労働者として現場に入れたが、仕事が少なくなり、就労日数をある程度確保するにはこの条件を受け入れるしかない」と言います。「一人親方」と労働者の相違点を確認すると明らかに労働者であることが明確になってきます。そのことが131ページの表からも明らかになってきています。

（4）日雇労働での原発現場にみる不明確な働かせ方

　センターにおいて、2011年3月11日に発生した東日本大震災による求

日雇労働者の労働・生活と社会保障の課題―釜ヶ崎から―

人の労働条件に関するトラブルが発生しました。求人を受理した「宮城県
内の瓦礫の撤去」の求人が、実際は「福島第一原子力発電所敷地内で原子
炉を冷却するための給水作業」でした。この問題は、国会でも取り上げら
れ、センターは大阪労働局から改善指導を受けました。その後福島県内の
除染作業の求人申込が後を絶たず、労働者保護の観点から次のような求人
受理マニュアルを策定しました。

　①「除染等業務に従事する労働者の放射線障害防止のためのガイドライ
ン」では、「除染等事業者は、有期契約労働者又は派遣労働者を使用する
場合には、放射線管理を適切に行うため、3ヶ月未満の期間を定めた労働
契約又は派遣契約による労働者を使用する場合には、被ばく線量の算定
は、1ヶ月ごとに行い記録すること」また「雇い入れ時又は当該業務に配
置換えの際及びその後6月以内ごとに1回、定期に医師による健康診断を
行うこと」から30日未満の日雇求人の受理はしない。

　②求人受理に際しては、「東日本大震災により生じた放射性物質により
汚染された土壌等を除染するための業務等に係る電離放射線障害防止規
則」(「除染電離則」)に基づくチェックリスト及び工事請負契約書の提出を
求める、というものでした。しかしこの基準を遵守して求人申込を行った
事業所は皆無でした。このことは、過去にセンターで対応した原発現場で
の労働相談ケースでも「建築片付け」と説明され、現地に行ったら作業内
容が違っていたり、働いた賃金が支払われなかったという事例をもとに対
応することになりました。

(5)「コロナ禍」にみる日雇労働者の労働と生活の変化

　過去最低の日雇求人数となった2022年度は、新型コロナウイルス感染
症の影響が色濃く出ています。特に当初は、現場で作業員が感染したり、
長期化する「コロナ禍」で建設業界では、資材の高騰などで工事価格の値
上げで発注を見合わせる現場も出てきました。また運輸業や製造業でも運
搬する製品の量が抑制されたり、材料が海外から入ってこないという声が

聞かれました。

　そのなかで、センターでは「事業所懇談会」を開催して、資金繰りが厳しい事業所に「雇用調整助成金」の手続きの助言などを行いました。

　また労働者に対しては、「特別定額給付金」を受け取るための手続き支援や「新型コロナウイルス感染症予防接種」の接種券交付の相談を受け付けました。その根拠となったのが、全国の「ホームレス」支援団体の働きかけによって出された2020年4月28日付の総務省事務連絡「ホームレス等への特別定額給付金の周知について」です。これは「いずれの市区町村にも住民票がない方は、基準日の翌日以降であっても、現に居住している市区町村において住民登録の手続きを行い、住民票が作成されれば、給付の対象になること」と定められ、シェルターやネットカフェでも住所設定さえすれば給付金支給ができることになりました。また、その後実施された予防接種券の交付も同様の取り扱いが開始されました。

おわりに

　これまで述べてきた様ざまな雇用関係の不明確さや社会保障制度の不備による労働と生活の不安定さを抱えてきた日雇労働者の実態を通して、国の法律である職業安定法や労働基準法などと合わせて、日雇労働者として保護されるべき「建労法」が、法律に明記されている条文どおりではなく、ここでもまた「運用」という形で法律施行後、約50年間経過してもセンターが肩代わりをしてきたのです。

　多くの制度が当事者である日雇労働者の運動によって実現してきました。しかし、非正規労働者が激増する今、その制度が存続の危機に晒されているように感じます。センターで働き、労働組合として制度や政策づくりに関わってきた者として、大切なことは「制度と制度の狭間から見える事実をつなげ、不安定な働き方をせざるを得ない労働者のいのちとくらしを守る制度をつくること」だと思っています。

西陣で下請けとして働く賃織労働者の実態

商栄企業組合　佐伯　重雄

1　最盛期の 1 割に落ち込んだ伝統産業

　西陣（いまの京都市北区・上京区あたり。応仁の乱のとき山名宗全が堀川より西のこの地に陣を構えたことに由来）は、「西陣ブランド」という世界に通用する工芸繊維の発祥地であり、日本で初めての「地場産業」として、本格的に産地を形成してきました。しかし、1975 年をピークに減退が進み、2017 年の第 22 次西陣機業調査では、企業数で 25.4％、織機台数で 9.4％、京都市内の総従事者はで 9％にまで激減しています（75 年対比）。従事者の年齢構成ではウィーバー（織り手労働者）の高齢化が著しく、年齢構成は 60 歳台が 35.6％、70 歳以上が 51.0％になっており、後継者不足が深刻になっています。

　西陣織は約 21 の分業工程を通じて、帯を中心に様ざまな織物が生産されています。分業で最も重要な工程が、織機にて織物の形を成す製識です。

　この製識は、その約 7 割をメーカー（織元）の工場外の、街中の出機分工場で行われています。工場の中心集積地は西陣と京都府丹後です。メーカーの外の工場は、製識者の所有する自宅内に配置され、また自己所有する織機で生産されています。織機には手織りと機械織（力織機）の 2 つがあります。メーカー工場外の製識者を統計上では出機と表現していますが、狭義では手機の製識者を出機、力織機の製識者を賃織、賃機と呼んでいます。工場外の製識の多くは力織機です。

　ここでは西陣の賃織について紹介します。賃織はメーカーとの形式的な請負形式で働き、税務上「自営業者」となっています。

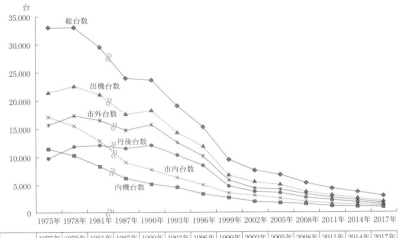

総織機台数・主要形態別織機台数の推移

	1975年	1978年	1981年	1987年	1990年	1993年	1996年	1999年	2002年	2005年	2008年	2011年	2014年	2017年
総台数	32,923	32,965	29,462	23,927	23,595	19,086	15,351	9,609	7,676	6,916	5,473	4,473	3,809	3,092
内機台数	11,519	10,369	8,409	6,320	5,339	4,691	3,457	2,788	2,061	1,795	1,608	1,248	1,155	1,067
出機台数	21,404	22,596	21,053	17,607	18,256	14,395	11,894	6,821	5,615	5,121	3,865	3,225	2,654	2,055
市内台数	17,167	15,569	12,908	9,124	7,823	6,436	5,130	3,635	3,164	2,616	2,055	1,690	1,489	1,288
市外台数	15,756	17,396	16,554	14,803	15,772	12,650	10,221	5,974	4,512	4,300	3,418	2,783	2,310	1,804
丹後台数	9,877	11,949	12,158	11,602	12,121	10,425	8,589	4,907	3,892	3,635	2,798	2,337	1,932	1,517

（出所）第22次西陣機業調査委員会「西陣機業調査の概要」（2019年3月刊行）

2　賃織・賃機労働者の性格

　税務上は「自営業者」とされる賃織、賃機ですが、賃端労働者の本質は「資本制的家内労働」という賃労働関係の一形態になります。封建制社会にも独立手工業者による家内工業はありましたが、資本制的家内労働は、機械制大工業の確立期に、マニュファクチュア経営と結びついて発展した形態で、問屋制資本（あるいは工場資本家）の支配のもとに労働者家族の「家」を単位にして営まれた形態です。

　家内労働とは、メーカーから原料や機械が貸与され、本人と家族労働力を中心に、自宅または自己の選ぶ場所で従業し、出来高を基礎にした工賃

西陣で下請けとして働く賃織労働者の実態

が払われるという形態です。これによりメーカーは土地や設備などの固定資本が節約でき、流行や景気による生産量の調節が自在にできるという利点を得ることができます。

手工業的な工程と熟達した技術が重用される西陣の賃織は、西陣機業の生産の「合理化」に見合う形で再編成されながら、家内労働による生産が続けられてきました。家内労働者は、労資関係の見えづらさや作業現場の孤立分散性などによる組織化の困難性もあり、仕事も不安定で、労働基準法にも守られないため長時間労働が強いられます。西陣でも、最盛期には高額な工賃が得られた時期もありましたが、現在では最低賃金すら下回る賃金で、おもに高齢の労働者によって支えられています。

3　勝ち取った「23年判定」

現在では自営業者となっている西陣をはじめ京都市内の賃織は、戦後の民主主義を求める運動のなかで、京都労働局によって労働基準法が適用される労働者と判定されました。1948年（昭和23年）4月のことです。これを「23年判定」と呼んでいます。その判定の最大の理由は、メーカーと賃織の関係が、請負の形はとっていても、原糸や図案（デザイン）など生産手段を持たないなど、賃織の独自裁量は許されず、すべてメーカーの指揮命令で働かされている実態が明らかとなったことなどによります（ちなみに京都府丹後の賃織は家内労働法の適用となっています）。

労働者判定運動の先頭に立ったのが、全西陣織物労働組合（設立は1921年。略称、全西労）でした。全西労はこの判定をもとに賃織を労働者として扱うようメーカーや業界組合（西陣織工業組合）への交渉を開始、組合員も急増しました。1950年には賃織業者に対する事業税を撤廃させます。とりわけ1954年、西陣産地内に西陣織物健康保険組合（健康保険と厚生年金がセットとなっている）が設立されると、その加入運動を強め、多くの賃織が社会保険加入者となりました。その成果は今日でも、西陣労働者の退職後の生活を支える大きな柱になっています。

しかしながら、朝鮮戦争が引き金となって日本に到来した好景気、とりわけ繊維業の「ガチャ万景気」が西陣にも訪れると、メーカーは大量の生産を可能とする力織機を使っての生産体制の強化をめざし、工場と力織機の主要生産手段を持つ賃織を大量に増やしていきます。賃織の工賃も飛躍的に伸びました。その過程で、もともと賃織の「労働者性」の認定に消極的なメーカーと、労働時間の制限なく働いて「収入を増やしたい」賃織労働者の欲求が結びつき、西陣織物健康保険組合からの脱退が相次ぎ、賃織は労働者から「自営業者」となりました。

　しかし自営業者に転換したからと言って、メーカーが対等な関係になったわけではなく、逆に下請け業者として「自立」したことを理由に、それまでメーカーから支給されていた道具類の購入、また機械の修理代など、メンテナンス費用は賃織側が負担することが「当たり前」となっていきました。中小業者になった賃織の一部が民主商工会や企業組合の会員に加わり、賃織の待遇改善運動は、メーカーとの直接的な交渉ではなく、労働運動と中小企業運動の連携による「西陣守れ」の西陣全体の運動が主力となっていきました。

4　聞き取りから見えてきた賃織労働者の働き方

　上述のように、現在、西陣織に従事する従業者数（京都市内賃織労働者含）は、ピーク時の9％にまで激減しています。「労働者」から「下請け業者」の身分となった西陣・京都市内の賃織の実態はどうなっているのでしょうか。2023年7月にヒアリングを行いました。

　Aさん　71歳男性。賃織歴53年。工賃は固定給形式で月25万。織機の修理や部品交換などメンテナンス費用はすべて自己負担。労働時間は月曜日から土曜日に午前9時から午後7時、実働9時間（織機の操作に8時間、下準備に1時間）、週54時間労働です。日曜と祝祭日は休みにしている（織機の騒音をだしたくないから）。

年金は国民年金のみなので「一生」働くつもりです。高校卒業のころ、メーカーの社員や一般のサラリーマンと違って、労働時間も気にせず働けることもあり、はるかに稼げる賃織の仕事に魅力を感じてこの仕事を選んだとのことでした。労働組合が加入を進めていた厚生年金などにも頼る必要はないと考えるぐらいの収入があったのですが、次第に工賃が下がり、いまでは「厚生年金」に加入しなかったことを悔やんでいるそうです。ただ仕事は途切れず働き続けられていることには満足しており、病気だけが恐怖だとのこと。半年前病気になり、医者から1か月の入院が必要と言われたのですが、仕事がなくなるのを恐れ10日間で退院したそうです。

　Bさん　80歳男性。賃織歴60年。当初の5年は会社内の労働者で、通算65年働いています。工賃は21万の固定制。メンテナンス費用はメーカー負担。労働時間は、月曜から金曜日は午前9時から午後6時、土曜は午後3時まで、このほか下準備仕事が1日30分ほどあります。週48時間で日曜は休み、祝日の半分は休みです。年金はほぼ国民年金（厚生年金加入は3年）。仕事はやめたいのですが、人手不足もあり会社から引き止められているそうです。週休2～3日であれば、しばらく続けられそうです。かつては月収130万円（夫婦2人で）もあった時期もあり、サラリーマンより魅力的な仕事だと思っていたそうです。そのときは毎日午後11時まで働き、日曜日も午前中は働いていました。

　Cさん　73歳男性。賃織歴58年。親がやっていたので自分も始めたそうですが、当時はサラリーマンより3倍の収入が魅力でした。現在の工賃は最低保証18万円に出来高が加算され約25万円。メンテナンス費用は自己負担。労働時間は午前8時から午後5時、月曜から土曜日まで週48時間働いています。年金は国民年金が中心で厚生年金が少しありますが、この年金では暮らせないので「一生働く」と言っています。人間関係のわずらわしさがないので、自宅で働くのは魅力だそうです。

Dさん　74歳男性。賃織歴51年。当時の中卒初任給が6000円ぐらいのころ、23歳で独立したときの工賃は6万円で、大きな魅力があり、この道に進んだそうです。工賃は固定制の40万円。労働時間は朝9時から午後6時、月曜日から土曜日まで働いて週48時間。メンテナンス費用は基本的にメーカー負担です。年金は国民年金が中心なので、やはり「一生働く」とのこと。難しい織物が中心なのでストレスはかかるが、できあがったときの喜びも大きいと言っています。

　Eさん　80歳男性　賃織歴65年。親がやっていたので自分も始めたとのこと。工賃は約26万円。出来高制なのですが、メーカーが決めているので、根拠はわからないと言います。労働時間は朝7時30分から夕方6時30分。月曜日から土曜日まで週60時間労働です。メンテナンス費用は売上が落ちてきてからはメーカー負担となりました。年金は厚生年金と国民年金との通算老齢年金で、当初取引していた会社が社会保険に加入していてくれたので助かっているのですが、しかし年金額は多くはないので、できるだけ働き続けたいと言っています。

　Fさん　76歳女性。賃織歴55年。会社内労働者の6年を含めると61年働いています。20代前半に独立したときは、自宅兼工場を借金で購入しても十分な工賃があったので、賃織は魅力的でした。現在の工賃は約10万円で出来高制です。労働時間は朝9時から午後6時まで織機をうごかし、夕食後1時間以上下準備を行う毎日だそうで、月曜日から土曜日まで働くので週54時間以上になります。また平日に私用で織機を止めた場合は日曜も働いています。メンテナンス費用は自己負担で、修理代などがかさむと1か月の工賃以上になることもあるとのこと。年金は国民年金が中心です。メーカー勤め（会社の工場勤め）のときの厚生年金は退職時、一時金で受け取ったためありません。今後も働けるだけ働きます。経済的

な事情もあるのですが、「一生働く」のが自分の信条だからだそうです。

　Gさん　74歳女性。賃織歴52年。メーカー勤めを含めると56年になります。工賃は最低保証10万円と出来高制ですが、ほぼ10万円。労働時間は朝9時から午後6時、月曜から土曜日までで週48時間です。
　メンテナンス費用は自己負担ですが、金額がかさむ場合は交渉して半額にしてもらいます。年金は勤めていた会社の厚生年金などがあり国民年金の満額より少し高いぐらいです。したがって体の続く限りは働くつもりですが、子どもからは「西陣の仕事が好きだから続けているとしか思えない」と言われているそうです。

　以上のように西陣の賃織は日曜以外の休日はほとんどなく、1日8時間から9時間、なかには10時間以上働く人もいます。工賃から工場維持費用やメンテナンス費用を2割差し引いた金額を実工賃とした場合、時間給換算で、週54時間と週48時間の場合、工賃10万で355円〜400円。工賃20万では711円〜800円となり、賃織のほとんどが最低賃金以下で働いていることになります。一生働いて低年金の補填を考えている以上、高齢者であっても今後とも働き続けることのできる労働時間、少なくても最低賃金並みの工賃（最賃を超すには30万以上の工賃が、工賃20万では週労働時間を40時間以内）が求められています。そのことは若い賃織労働者の確保にとっても必要で、西陣の再生に欠かせません。

5　労働条件向上と産業再生の展望・まちづくりを結び付けた提案（西陣・町ミュージアム構想）

　賃織だけの年齢調査はありませんが、現在は例外を除いてほぼ70歳以上と思われます。つまり10年後は西陣を含む京都市内の賃織がなくなっている可能性があるのです。
　西陣織の賃織業者の実態は政府が進める「働き方改革」における今日の

フリーランスの未来と言えます。賃織を労働者として認定した「23年判定」に立ち戻った運動が必要です。それは労働者性を認めていない家内労働法やフリーランス保護適正化法の根本的見直しにもつながるものと言えます。

　555年以上も続く伝統産業に従事する、賃織りを含む労働者や従事者がこれからも技術と技法を絶やさず働き続けるには、職場内の労働条件の確保と同時に職人・技術者そのものが社会的地位の確立と経済支援によって、若い人たちにとっても魅力ある職業となる制度が必要です。ドイツのマイスター、イタリヤの職人制度のような制度が求められています。

　一方で賃織の劣悪な労働環境を生み出した産地の背景も考えなくてはなりません。和装の販売不振を小売りは問屋に皺寄せし、問屋はメーカーに、メーカーは賃織を含め下請けへの付け回しで利益を確保しようとしてきました。それが限界に達しようとしているのです。賃織業者が西陣からなくなろうとしている現状は、多くの分業に成り立ってきた生産システムの危機であり、西陣織そのものの存亡危機、さらには、和装産業の危機につながっています。

　和装衰退の原因を前出の第22次西陣機業調査では、日本の生活様式の洋風化の進行で和装需要が減少したことや自動車と住宅業界の不振に伴うインテリア用織物の需要の減少に求めています。しかし衰退の主要因は和装業界の現代社会への対応力の無さとの指摘が産地から上がっています。着物を着たいという国民意識は「和装不振」と言われてからも一貫して高いことは最近の調査でも明らかになっていますが、一方で消費者は着物と他の衣装と比べたとき、着付けやメンテナンスの不安、割高感を持っています。さらに不当な高価格の着物をローンで売り付ける詐欺的販売が社会問題化したことは、消費者の着物への信用を失墜させました。和装は売って終わりではなく細かなアフターケアーが大事な産業ですが、一部で改善の努力がなされながらも業界全体ではそうなっていません。つまり着物の潜在的需要がありながら消費者の不安や要望に和装業界がうまく対応でき

ていないというわけです。

　したがって賃織など西陣織で働くものの条件の改善のためには、労働法の適用運動などとともに西陣織・和装産業の再生も進めなければなりません。和装市場の「復活」という壮大な課題を伴っています。全西陣織労働組合の提起で始まり、多くの関係者と検討を加えてきた「西陣・町ミュージアム構想」は、まちづくりを加えながらその課題に応えるものとなっています。

　「構想」は産地西陣が現行の分業の根本的見直しと、販売を流通業者にだけゆだねるのではなく和装市場全体を見通した力を持ち、また取引で対等な関係となることを提案しています。具体的には崩壊の危機にある分業の統一工場の確立と人材の確保、消費者ニーズと流通のあり方を独自に探究する「研究所」創設などです。

　また西陣織は 555 年以上の歴史があります。西陣とそこに隣接する地域には日本的・世界的に有名な寺社仏閣をはじめ茶道や華道などの歴史的資産が集積し大学も数多くあります。そして西陣にはそれを発展させてきた様ざまな職種の伝統産業に携わる従事者・住民の知恵と力があり、日々文化の発信を行っています。織物に携わる従事者がそれらを産業再生の「資源」ととらえることの重要性を認識し町全体の共同を促進し、行政を軸としながら、町丸ごとを対象にした、ハコモノではない・屋根のない「地域性」「文化性」「経済性」を兼ね備えた「ミュージアム」政策の必要性を呼び掛けています。京都を訪問する 6668 万人観光客（2022 年）や和装を愛する全国の人たちなどとも力をあわせた、和装が溶け込むまちづくり政策であり、職人と市民が住み続けられる、西陣織・地域産業再生政策案となっています。

```
 「名ばかり個人事業主」として
エステ・化粧品販売を担う女性たち
```

```
                           たかはし
         元エステティシャン　高橋 かめ
```

1　申請書一枚で個人事業主に

　わたしが、化粧品販売とエステ事業で国内上位の販売額のとある大手化
粧品会社であるＡ社のエステティシャンと出会ったのは、うつ病で長く仕
事を休職していた最後のころです。

　街の小さな郵便局に入ると、フロアに置かれたテーブルの前に座った女
性が「ハンドマッサージしていきませんか」と声をかけてきました。無料
なら、と椅子に座りマッサージを受けながら、少し年配の女性がいろいろ
と話しかけてきました。そして途中「あなた、こういう仕事してみな
い？」という話になりました。今後の仕事を考えていたわたしは、こんな
ふうにひとを癒す仕事もいいなと思い「やってみたいです」と答えまし
た。その場でその女性の営業所に行く日時が決まりました。

　後からわかったのですが、本来ならハンドマッサージはトライアルエス
テに誘うことを目的としたものですが、女性はわたしを「レディ」と呼ば
れるエステティシャンにスカウトすることに切り替えたのでした（現在は
ビューティ・ディレクターという名称に変更されています）。エステは女性の
肌に触れるため、スカウトされて働くのは全員女性です。

　数日後営業所に行くと、女性は所長（現在はマネージャーと呼びます）で
した。「これとこれにサインして」となり、それはわたしのＡ社への「レ
ディ登録申請書」でした。そして数日後から支社で行われる新人研修に出
るように言われました。これがわたしのレディ仕事の始まりでした。わた
しとＡ社との関係は雇用契約ではなく、「個人事業主であること」の説明

は一切ありませんでした。「契約書」というよりは「ルール」のようなことが書かれた文書を帰りに渡されました。

　履歴書もない、氏名、住所、生年月日と写真のついた申請書が支社に届くと、その日のうちに支社でレディとして会社（本社）に登録され、その後さまざまな場面で使うことになる「レディ番号」が付与されます。所長からは「登録された」という連絡は特にありませんでした。

2　会社の雇用責任を完全に回避できる個人事業主という働かせ方

　4日間の座学での新人研修の後、数日間のエステ研修を実地で受けました。研修はすべて無料です。無料で各種研修を受けられるということが、求人の際の会社のアピールポイントにもなっています。研修の最終日にあるエステ検定に合格しないと集客して仕事を始められないので、自宅でも小学生と保育園児の2人の子どもを相手に、夜中まで必死にエステの練習を繰り返しました。

　このエステ検定はA社でしか通用しない、同業他社では何の意味も持たない資格ですが、このエステ検定に合格してわたしはA社のエステティシャン兼化粧品を販売する美容部員になりました。

　化粧品は、トライアルエステを施術したお試し来店のお客さんや、コースに入っている顧客を相手に販売します。自分のスキンケアやメイクも他社製品を使うわけにはいかないので、自己買いも多く家計を圧迫しました。友人や親せきにも積極的に販売しました。また、どこでわたしの連絡先を知ったのか、日本に住む外国のひとから「化粧品を買いたい」と携帯電話に注文が入ることもありました。

　10年弱働き、途中から所長にも昇格して自分の営業所に新たにレディを迎え入れることにも尽力しました。

　最終的にはあまりにも忙しく、無給の仕事が多く休みが取れず「続けるのはもう無理だ」と判断し、かなり苦労して会社の登録を抹消してもらい

辞めることができました。

　以下、A社のレディとして働くなかで、これは「名ばかり個人事業主」だと確信するにいたった事柄を書いていきます。

①エステティシャンは、会社のエステ部門売上の遂行に不可欠な労働力として、会社組織に組みいれられている

　A社は化粧品販売とともにエステ収入が収益の大きな柱になっています。しかし、エステティシャンは全員どこかの営業所に属するレディであり、営業所の所長もレディも全員が個人事業主です。

・エステ施術の材料は会社のものしか使えない（買取り）。

・エステは基本的に営業所のサロンで行う。

　施術の日や時間は基本的に客の希望に合わせることを最大限優先します。働いているお客さんは終業後の夜7時からのスタートや、土日・祝日の希望がほとんどで、お客さんが増えていくにしたがい夜の仕事が増え休日がなくなっていきました。断ることもできますが、そうすると多くの働く女性の顧客を失うことになり、それはできませんでした。

・エステの手順は会社規定のもののみ。会社の研修を受けて合格しないとエステを行うことはできない。

②歩合など契約内容は、会社が一方的に決定している

　エステや化粧品を販売すると、その代金の決められた歩合がレディの収入になります。エステの歩合は料金（税抜き）の25％、化粧品は23％です。

　例えば、1か月に「6回コース」5万円のエステ契約1件で1万2500円、1万円の化粧品1個を販売すれば2300円が歩合給となり、合計1万4800円が収入になります。

　毎月の販売額はバラバラで、わたしの場合は顧客への販売額よりも自分で買った化粧品額の方が多いと、受け取りよりも逆に私が支払うケースもありました。所長になる前の一レディ時代は、毎月の歩合収入が5万円以

上になることはなく、所長になってからも、経費を差し引いて10万円を超えることはありませんでした。

仕事を始めてしばらくして、その歩合の引き下げがありました。理由もわからず所長もレディもそれに従うしかありませんでした。

③顧客から受け取った代金は、いったん全額を所長に上納し、月に一度「精算」として会社から総売上げの歩合分を支給される

④エステティシャンは営業所に所属し、営業所の店舗を開けて営業するための無給の「店舗当番」を月に複数回担当する

所長も含めてレディがシフトを組み、毎日店の受付やエステのタオル洗濯、ベッドの準備をします。これは営業所によっては、ほぼ毎日の出店を求めている場合もあるようです。もちろん無給です。

⑤エステの新規客の獲得のため、毎月各種イベントに参加するがすべて無給

イベントとは、不特定多数の相手に無料のハンドマッサージを誘いかけ、座ってくれた相手にマッサージをしながら、エステのコース1回当たり料金より安いトライアルエステの体験に誘客することです。

イベントへの参加は断ることもできますが、自分の友人を誘う以外、店舗で待っていて新規のエステ客が来店することはないので、イベントに出ないと新しいお客さんの獲得ができません。

小規模のものでは郵便局や携帯電話ショップ、車のディーラーなどの店の片隅にテーブルを2個置いて、レディ2人で対応します。来店客にハンドマッサージを誘います。大規模なものでは大きなドームやホールで開催される様ざまなイベントに出店料を出してブースを確保し、テーブルと椅子を並べて来場者にハンドマッサージを呼びかけます。

ハンドマッサージが無料だからと座ってくれたひとに、マッサージのビ

フォー・アフターの左右の手を見比べてもらい、「エステをするとお顔もこのように変化するのですよ」とトークを展開します。10人にハンドマッサージを行い、3人がトライアルエステの来店予約をしてくれたら上々でした。慣れない間は1日ハンドマッサージを行っても、ひとつもトライアルが取れないこともよくあることです。

その後、お客さんがトライアルエステに来店して施術を受けると、コース入会を勧めます（エステの種類は数種類あり、それぞれに3回コースと6回コースがあります）。そこでコースを申し込んでくれれば、そのお客はレディの顧客となり、その後のエステや化粧品販売のすべてを担当します。

わたしの顧客はわたしの施術やわたし自身を気に入ってくれたのか、最初の6回コースが終了してもさらに継続して「次の6回コース」を契約してくれることが多く、5年、6年と通い続けてくるひとが何人もいました。

⑥交通費や駐車場代は自己負担のため、歩合が純粋な収入にならない

仕事にかかわる交通費、ガソリン代、駐車場代はすべて持ち出しでした。

⑦エステ中に使用するコットンなどの消耗品や、エステ後に行うスキンケア商品（ローションなど）、メイク用品などは、すべて個人負担で会社のものを買って使う

⑧エステの施術時間が60分でも、事前準備とエステ後のメイクや対応のため、1件のエステに3時間は拘束される

「6回コース」でお客さんに6回施術した場合の私の手取りは、コースの値段によって異なりますが、時給換算すると470〜800円ほどにしかなりません。わたしは車で通勤していたので、1回の駐車料金を6回分差し引くと、6回契約で4万円弱（お客さんが支払う代金）のコースでも、歩合手取りは6回分で2500円にしかなりませんでした。

150

⑨新商品発売前の研修や接客、メイク研修、ときには宿泊を伴う毎月無数に行われる研修や会議は、参加はほぼ義務だが無給

　レディの仕事はエステの施術と化粧品販売だけではありません。すべての所長とレディが参加対象の月初めの支社主催の研修が毎月あるのをはじめ、複数の営業所が共同運営する店舗が開く月初会議、営業所ごとの会議が毎月あります。また数か月に1度、対象者限定の新商品説明会や東京の本社幹部が来県しての講演会、支社開催の特定所長とレディを集めての月に1度の「がんばる会（様ざまな研修）」などがあります。

　所長になれば半年に1度ほどの頻度で飛行機で他県に行き、各県から集められた所長たちと一緒に、1泊から数泊の「レディを育成するための研修」（コーチングの手法の研修など）などもあります。交通費と宿泊費は会社負担ですが、給与は出ません。

⑩Ａ社共済への強制加入。掛け金は月に2000円

　共済に加入しないとエステの施術はできないとの通達が会社から来ていました。これはお客様にエステによる皮膚障害などトラブルが起きた際の補償と、エステティシャンの入院補償を内容とするものです。共催の脱退は年に1度10月のみで、脱退申請しても10月まで契約続行で、エステの仕事をしていなくても共済金が取られました。

　「Ａ社共済」はＡ社の子会社が運営しており、レディに対するＡ社からの共済掛金への補助はありません。わたしは顧客とのトラブルはなく、わたしが入院したときに入院給付金を受け取ったことがあります。

　エステティシャンの多くは夫や親の被扶養者になって、それぞれ夫の健保組合に入っていました。それ以外の未婚者やシングルマザーは国保に加入していました。

〔参考〕活動初期の収入面を支える「新人スタート支援制度」

　はたらき始めは覚える知識技術も多く、お客さまも少なく不安なもの。そんな活動初期の収入面を支える「新人スタート制度」を用意。
　複数のコースから、ライフスタイルや目指すキャリアにあわせて選択可能。成長していくあなたを会社・店舗とともに応援します。

コース	収入支援	こんな方におすすめ
プロフェッショナルコース	15万・20万・25万	・ショップオーナーになりたい。 ・本格的に働き、美容のプロになりたい。
ベーシックコース	6万・8万・10万	・家庭と両立しながら働きたい。 ・ダブルワークで働きたい。
プレコース	4万＋売上10%	・美容業界が初めてで不安。

（A社のホームページより）

⑪求人の際には「委託業務」として「〇万円〜」と収入も掲載されるが、それが支給される保障はない

　求人に応募して働き始めると、求人媒体に出ていた「新人支援制度」として最低金額の収入がもらえると思うのが普通ですが、実際は顧客もいない新人には困難な売り上げ目標を毎月達成しないと、会社の決めた支援制度は適用されず、売った（あるいは自分で買った）分の歩合しか支払われません。

　会社にレディとして登録し、座学研修やエステ研修、エステ検定のための練習などに一生懸命出てきても、売り上げがないので無給です。所長の計らいで少額のお手当てが出ればいい方です。

⑫厳しい売上目標などをクリアして「所長」になると、会社と世間からはひとつの事業所扱いをされる

　所長になると、ひとつの営業所を持つことになります。営業所名も自分でつけます。会社からは毎月「所長手当」が支給されます。とはいえ、所長も個人事業主です。

　ひとつの営業所では1店舗を借りる資金がないため、1人の所長が責任

者となってエステを行う店舗（サロン）を借り、複数の所長が共同で運営します。その店舗で働いていたレディが所長になると、独立してよそに店を開かない限り、その店舗の共同経営者の一員になり、家賃や光熱費、修繕費など、多額の負担が発生します。所長手当はおもにその費用に充てられました。

　店舗は不動産屋を通して探すか、またはショッピングセンターや大きな地下街に店舗を構えます。借り主は１人の所長がなり、一緒にそこでエステや販売を行う他の所長と家賃その他の経費を折半して大家に支払います。

　また、自分の営業所にレディが少ないと、営業所としての売り上げが増えないため、必死で求人をします。紙媒体やウェブの求人広告を毎月打ち出しましたが、その費用も３万から５万円かかりました。

　また税務署に事業所として登録するため、決算書類などの提出のために会計事務所との契約も年間５万円ほど必要でした。

　以上のようにＡ社での働き方と収入について述べてきましたが、毎月の精算金をすべての労働時間で計算したら、時給100円ほどにしかなりませんでした。

3　「やりがい搾取」で疲れ果て……

　個人事業主なので労働法などで保護される「労働者」と見なされず、法的に労働者として保障された権利はありません。社会保険、労災保険、雇用保険など一切なく、所長をふくめて皆、既婚者は夫の扶養範囲に収まるよう確定申告では苦労をしていました。

　会社は、レディの社会保険料、福利厚生や店舗維持費に１円も出すことなく、売り上げだけは会社の収入にできるので、非常によく考えられたシステムです。

　そして、「これは思っていたのとは違う」という新人は次つぎに辞めていきますが、売り上げや獲得顧客数によって新人大会で表彰されたり、豪

華ホテルに泊まれる全国大会や海外旅行への招待があり、それらを目標に頑張るひともいます。また、エステでお客さまに喜んでもらえる喜びに目覚めたひとは残ります。やりがい搾取そのものではありませんか。10人が新人として登録されて、半年後に残っているのは1人ぐらいでした。

　わたし自身、エステのお客さんが増えると「疲れた体を楽にしてさしあげたい。きれいなお顔になって喜んでもらいたい」「こんなにひとに喜ばれる仕事はそうない」という思いでいっぱいでした。でも、顧客が増えれば増えるほど店に行く日が増え、お客さんの要望に合わせて土日・祝日もなくなり、それでいて収入は上がるわけではなく、疲れ果ててしまいました。

　労組をつくって直接雇用を求めれば、きっとＡ社で長く採用されてきたレディ制度は変わったかもしれないと思います。

シフト制労働の経済機能とそのイデオロギー

首都圏青年ユニオン副委員長　栗原 耕平

はじめに

　新型コロナ禍では、「労働時間・日数が削減された（休業の発生）けれども休業補償がもらえない」という「補償なし休業」の問題が、とりわけ対人サービス業のシフト制労働者に集中して発生しました。シフト制労働とは、労働日・労働時間が労働契約締結時点で確定されず、一定期間ごとに作成されるシフト表によって確定される働き方です。本来、事業主都合の休業については給与の補償がされねばなりませんが、シフト制労働者については「もともとシフトが決まっていなかった期間については休業補償義務はない」として多くの企業が補償を拒否していて、厚生労働省もこうした企業の休業補償拒否を事実上容認しています。

　首都圏青年ユニオンは、シフト制労働者の休業補償を求めて約50社と団体交渉を行い、2021年5月にはそれらの取り組みを踏まえ顧問弁護団とともに『シフト制労働黒書』を発表しました。一方政府は、国による直接的な休業補償制度である「新型コロナウイルス感染症対応休業支援金・給付金」を創設し、2022年1月には『いわゆる「シフト制」により就業する労働者の適切な雇用管理を行うための留意事項』を発表しています。さらに労働政策研究・研修機構は2023年3月に『新型コロナウイルス感染症の感染拡大下における休業などに関する実態調査』（以下、『休業実態調査』）と『「シフト制勤務」で働く非正規労働者の実態などに関する調査結果』（以下、『シフト制勤務調査』）という2つの調査報告書を発表しています。

ここではこれらの取り組みを踏まえ、シフト制労働の機能とそれを支えるイデオロギーを批判的に検討します。

1　新型コロナ禍におけるシフト制労働者の「補償なし休業」問題

まず首都圏青年ユニオンが新型コロナ禍にシフト制労働者の補償なし休業問題をめぐって行った団体交渉事例のいくつかを紹介します。

富士そばでアルバイトとして週40時間働いていた50代の男性は、2020年2月以降大幅にシフトがカットされ、4月段階の労働時間は週24時間となっていました。しかし減少分の休業補償はなされず、生活に大きな不安を感じたため、首都圏青年ユニオンに相談・加入し、団体交渉を行いました。また、株式会社KIDSが運営する居酒屋で働いていた学生アルバイトは、2020年4月の緊急事態宣言以降店舗が営業を休止しシフトがゼロとなりました。正社員には休業補償がされたもののアルバイトには一切なされず、それまでの月10万円の収入がゼロとなります。もともと親からの仕送りを期待できず、バイト収入と奨学金で学費と生活費をまかなっていたため、生活困難に陥り、首都圏青年ユニオンに相談・加入しました。富士そばとKIDSいずれも、団体交渉や記者会見を通じて会社に休業補償を求め、その結果削減された労働時間分の賃金100%を補償させることに成功しました。しかも組合員のみならず、すべての非正規労働者に同様の措置をとらせることができました。

株式会社フジオフードシステムが運営する「デリスタルト＆カフェ」で働く30代の女性パート労働者は、週20〜25時間働いていましたが、2020年4月の緊急事態宣言以降店舗が営業休止し、シフトがゼロとなりました。会社は、正社員には100%の休業補償を行っていたものの、非正規労働者については、営業休止前に確定していたシフト1週間分のみ支払い、シフトが確定していなかったその他の期間については一切休業補償を行いませんでした。彼女は2人の子どもを抱えていて、その収入が不可欠であったために強い生活困難・不安を抱えこむことになります。しかし会

シフト制労働の経済機能とそのイデオロギー

社は休業補償に応じようとせず、現在も裁判闘争中です。

2　シフト制労働の経済機能

このような新型コロナ禍の「補償なし休業」問題は、シフト制労働の機能が大規模に活用された結果生じたと考えられます。その機能とは何でしょうか。

（1）労働供給の質量の変動への対応

シフト制で働く人の多くは、女性、世帯主の配偶者、学生です。『シフト制勤務調査』によって、「シフト制勤務群」とシフト制労働者以外の非正規労働者である「固定・交代制勤務群」を比較してみると、女性割合は前者が74.0％であるのに対して後者は66.5％、世帯主の配偶者である割合は45.3％と36.5％、学生割合は2.8％と1.6％です。これらの労働者の特徴は就労ニーズ（希望労働時間数と希望就業時間帯）が多様であり、また学業や育児状況の変化を通じてそのニーズが時期によって変動しやすいことです。労働者の入れ替わりも激しく、仕事の習熟の程度も労働者によって様ざまです。こうした労働供給の質量の短期的変動による人員の過不足について、シフト制労働を通じて、人員過剰の時間帯ではシフトカットを行い、人員不足の時間帯ではシフト増を行うことで対応しているのです。

別の言い方をすれば、シフト制労働は、労働供給の短期的変動への対応能力を向上させることで、多様な就労ニーズを持つ労働者を広く採用対象とすることを可能にします。これによって、後で述べる「家計補助論」で低賃金を正当化しやすい女性労働者や学生労働者を広く採用対象とすることができ、賃金・労働条件を抑制しているのです。このような構造を念頭におくと、次の発言は重要です。「非正規職員は学生から主婦・主夫、フリーター、シニアまで幅広い年齢層の人が様々な事情で、自身の都合と折り合いをつけながら働いている。それほど高い時給が支払えるわけでも、また全員に社会保険を適用できるわけでもないため、やはり個人ニーズに

合わせて柔軟に働いてもらえるシフト制でないと、必要な人手が集められないと考えている」（『シフト制勤務調査』より。傍線は引用者）。

　この間の男性労働者の処遇低下（非正規労働者化と正社員処遇低下）は、男性が子どもと妻を養う男性稼ぎ主家族から家族総出で働き家計を支える多就業家族への転換をもたらし、それによって学生や有配偶女性を労働市場に押し出しました。シフト制労働は、このように賃労働者化した学生や有配偶女性を、低賃金労働者として広くかき集めて低コストの事業運営を可能にするものとして活用されているのです。

（2）労働需要の変動への対応

　経済機能のふたつ目の側面は、労働需要の変動への対応です。『シフト制勤務調査』のヒアリング対象となっている飲食企業経営者は、「シフト制とは、売り上げ予算（予測）に基づく時間帯別来店客数に対して、必要な人員を配置する勤務体系であり、売り上げに対する人件費率（25％程度）のコントロールに不可欠である」と言います。『休業実態調査』を見ても、非正規労働者のシフト制労働を活用する理由として「曜日・時間帯によって業務の繁閑が激しいことから、繁閑に応じた人員配置を行うため」と回答した企業は54.5％にのぼっていて、とくにサービス需要の変動が激しい「宿泊業、飲食サービス業」「生活関連サービス業、娯楽業」で高く、それぞれ90.1％と77.8％にのぼっています。

　サービス需要の変動の激しい対人サービス業における短期的なサービス需要の変動や、経営状況の変化に応じた人件費調整手段としてシフト制労働が活用されているのです。

（3）短時間労働割合の高さとシフト制労働

　『シフト制勤務調査』によれば、シフト制労働者の多くは短時間労働者です。直近3か月間の平均週労働時間数を見ると、20時間未満の割合は「固定・交代制勤務群」で24.2％であるのに対して、「シフト制勤務群」で

は 42.4％でした。また直近 3 か月の最低週労働時間数が 20 時間未満である人の割合は、それぞれ 27.2％と 50.0％です。学業やケアを担う労働者が多いことは確かにこうした短時間化を促進していますが、ここではシフト制労働と短時間化の関係について、企業にとっての合理性という観点から 2 点指摘しておきます。

　第一に、シフト制労働であれば、契約労働時間と実際の労働時間を比較的大きくずらすことが可能で、過小な契約労働時間によって社会保険加入を回避しながら実際の労働時間はそれにしばられず柔軟に活用することが可能になります。実際、医療保険の加入状況を見ると、「現在の勤め先で、自分が被保険者になって、被用者（健康）保険に加入している」という人は、固定・交代制勤務群で 54.4％であるのに対して、シフト制勤務群では 29.0％にとどまっています。

　第二に、シフト制労働機能の活用にとっては、フルタイムの労働者を少数雇うよりも短時間労働者を多数雇う方がよいのです。というのも、労働支出・人件費調整の際に、労働者 1 人当たりの労働時間変動の負担を少なくすることができ、また労働時間増加に伴う時間外労働手当の支払いを回避できるためです。

（4）シフト制労働の経済機能とその産業分布

　以上のようにシフト制労働は、多就業家族化によって労働市場に押し出されてきた多様な就労ニーズを持つ労働者を、短時間の低賃金労働者として広く集めることができ、また労働需要の季節的・経営的変動に伴う人件費の柔軟な調整を可能にすることで、低コストの事業運営を可能にするものです。こうしたシフト制労働の活用度は、当然ながら産業ごとに大きく異なっています。次ページの表は、『シフト制勤務調査』からシフト制労働の活用度を示すと思われる指標を産業ごとにまとめたものです

　第一に、シフト制労働者割合を産業別にみると、多い順に、飲食サービス業 66.1％、宿泊業 47.4％、生活関連サービス業・娯楽業 36.6％、卸売

産業別シフト制労働活用度

	シフト制労働者割合	シフト制労働者数（万人）	シフト決定期間1週間以下割合
合計	18.5%	1055	15.9%
建設業	3.9%	13	21.2%
製造業	5.6%	54	25.0%
電気・ガス・熱供給・水道業	3.8%	1	10.3%
情報通信業	4.1%	10	8.1%
卸売業、小売業	32.9%	299	13.2%
金融業、保険業	5.2%	8	5.4%
不動産業、物品賃貸業	12.2%	12	12.8%
宿泊業	47.4%	23	9.5%
飲食サービス業	66.1%	141	30.1%
生活関連サービス業、娯楽業	36.6%	59	13.0%
運輸業・郵便局・協同組合	12.8%	45	9.0%
その他サービス業	27.6%	108	14.1%
教育、学習支援業	14.9%	47	17.8%
医療、福祉	20.3%	173	7.2%

（注）「シフト制労働者割合」は『シフト制勤務調査』の非正規労働者に占める「シフト制勤務群」割合に、2022年の『労働力調査』年次調査における「役員を除く雇用者」に占める非正規労働者割合を乗じたもの。「シフト制労働者数」は、「シフト制労働者割合」に役員を除く雇用者数を乗じたもの。
（出所）『「シフト制勤務」で働く非正規労働者の実態等に関する調査結果』188-189頁、『労働力調査』

業・小売業32.9%となっています。シフト決定期間が短いほど、労働支出・人件費の短期的変動が可能になりますが、シフト決定期間が1週間以下の割合を見ると、突出しているのが飲食サービス業で30.1%です。以上から飲食業は最大のシフト制依存産業であると言えますが、これはサービス需要の変動の激しさと、それにシフト制労働を通じて対応しようという労務管理戦略の結果です。前述のように、非正規労働者のシフト制労働の活用理由として需要変動に応じた調整を指摘した企業の割合は、「宿泊業、飲食サービス業」で突出しており、90.1%です。

　飲食産業はコロナ禍において最も大きな経済的影響を受けた産業でした。コロナ禍におけるシフト制労働問題の顕在化は必然であったと言える

シフト制労働の経済機能とそのイデオロギー

でしょう。

3　シフト制労働のイデオロギー

　以上シフト制労働の経済機能を明らかにしてきましたが、これは新型コロナ禍で明らかになったように労働者の大きな雇用・生活不安をもたらしうるものです。解雇や雇止めと異なり、シフト制労働の経済機能活用による雇用・生活不安に対する規制は乏しく、その整備が急務です。しかし、シフト制労働の規制を阻む2つのイデオロギーが存在します。

（1）「家計補助論」

　そのひとつが「シフト制労働者は夫・父親に扶養されているのだから低賃金・不安定雇用で構わない」という家計補助論です。新型コロナの休業補償をめぐる交渉や裁判でも、例えば（株）KIDS は休業補償を求める学生に対して、「遊ぶ金」には休業補償を出せないと主張しましたし、（株）フジオフードシステムは、正社員に行っている休業補償をパート・アルバイトに行わないのは差別だとするパート女性の訴えに対して、裁判書面で「アルバイト・パート収入（とりわけシフト制労働による収入）は、通常、生計の柱とするものではなく、家計を補助するものと考えるのが素直だろう」と主張しました。その収入は「遊ぶ金」「家計補助」であるため補償は必要ないという"家計補助論"が、シフト制労働への規制を阻んでいるのです。

　そもそも生計の必要によって労働者の待遇を変えること自体が差別であり不当なのですが、くわえてこの家計補助論は現実と大きくズレたものになっています。前述のように株式会社（株）で働く学生は、家庭からの仕送りが期待できなかったため、奨学金とアルバイト収入が学業生活を送るうえで不可欠でした。また株式会社フジオフードシステムで働くパート女性も、2人の子どもを抱えて生活していくために月 10 万円のアルバイト収入が欠かせないものです。多就業家族化によって学生や有配偶女性の非

161

正規労働は家計補助型から家計分担型に変容していて、その家計にとっての重要性は高まっています。それにくわえて、当然ながら単身の非正規労働者も存在していますから、「家計補助論」は何重にも実態と乖離したものとなっていると言えます。

(2)「シフト制労働＝「自由」な働き方」論

「シフト制労働は、ケアを担う労働者や学生が自由に働ける就労形態として労働者にもメリットがある」というイデオロギーもまた強固で、ここからシフト制労働規制は労働者の「自由」を妨げるものとして批判される場合もあります。この点をケアと労働との関係に絞って検討してみましょう。

むしろ問題は、ケアと両立しながら働ける就労形態がシフト制労働しかないことでしょう。日本の休業率（休業者の就業者に対する割合）は、2.3％とOECD諸国で2番目に低くなっています。この休業率の差は、所得保障つきの休業の権利保障の違いを反映しています。例えば「子の看護休暇」は、日本では小学校入学前まで1人当たり年5日の範囲での休業が認められていますが、所得保障の義務はありません。これに対してスウェーデンの看護休暇は、12歳までで子1人当たり年間最大120日であり、休暇期間中は社会保険によって8割の所得が保障されます（休業についての以上の議論については、後藤道夫「『家計補助論』を乗り越える」〔『経済』2023年4月号〕を参照）。すなわち、多くの先進諸国では所得保障つきの休業によるケアの権利が広く確立されているため、安定した雇用とケア時間の確保が両立可能となっていますが、日本ではケアの権利が未確立であるために、安定的な雇用とケアの両立が困難であり、ケアを担う労働者が不安定なシフト制労働への就労を強いられているのです。竹信三恵子さんはこうした日本の構造を「強制された自発性」と呼んでいます（シンポジウム「パート・アルバイトは家計補助!?」2023年2月18日での報告「性差別とシフト労働」より）。

シフト制労働を通じたケア時間の確保は、ケア時間への所得補償を伴うものではないために、所得とケアの両天秤が避けられません。そのケア時間も権利として保障されているわけではないため、企業の都合次第で不安定なものです。また多就業家族化によってケアを担う労働者にとっての所得の必要性も高まっています。求められるのは、ケアの必要とシフト制労働規制を対立的に把握するのではなく、シフト制労働規制の確立とケアの権利の確立・拡大の双方を同時に追求する取り組みでしょう。

おわりに

以上、シフト制労働の経済機能を明らかにしてきました。それが労働者の生活・雇用を不安定化するものであることは、新型コロナ禍でいっそう明らかになったのではないでしょうか。その規制が必要です。

第一に、シフト制労働の過小労働・過剰労働の規制です。少なくとも、労使間で労働時間・日数を明示的に合意し、それを基準に過剰労働を規制し、事業主都合での過小労働には休業補償義務を課すべきです。過重労働規制は、現在しばしばみられる過小な労働時間記載の制約にもなります。

第二に、ケアの権利の確立・拡充です。これは、シフト制労働をはじめとする不安定雇用への就労を「強制」される現状を変えることにもなります。新型コロナ禍では、不十分ながらも、シフト制労働者に対する企業や国による休業補償が実現しました。また小学校など子どもを預かる施設の休業による家庭内ケアのニーズ急増に対応するため、小学校休業等対応助成金が制度化され、家庭内ケアのために仕事を休んだ労働者に対する所得保障もなされました。こうした運動的・政策的経験を、新型コロナ禍に限定された一時的なものとみなすのではなく、上記のシフト制労働規制やケアの権利拡充のための前提と位置づけ、さらに発展させていくことが求められていると言えましょう。

【編著者紹介】

川村雅則（かわむら・まさのり）

1974年生まれ。北海学園大学経済学部教授（労働経済論）

NPO法人建設政策研究所副理事長

反貧困ネット北海道共同代表

NPO法人官製ワーキングプア研究会理事

〔おもな著書〕

『キャリアに活かす雇用関係論』（共著、世界思想社、2024年）

『お隣は外国人——北海道で働く、暮らす』（共著、北海道新聞社、2022年）

『生まれ、育つ基盤——子どもの貧困と家族・社会』（共著、明石書店、2019年）　ほか多数

「非正規4割」時代の不安定就業
——格差・貧困問題の根底にあるもの——

2024年8月31日　初版　　　　　　　　　　　　　　定価はカバーに表示

川村雅則　編著

発行所　学習の友社

0034　東京都文京区湯島2-4-4

TEL03（5842）5641　　FAX03（5842）5645

振替　00100-6-179157

印刷所　モリモト印刷

落丁・乱丁がありましたらお取り替えいたします。

本書の全部または一部を無断で複写複製して配布することは、著作権法上の例外を除き、著作者および出版社の権利侵害になります。小社あてに事前に承諾をお求めください。

ISBN　978-4-7617-0746-0　C0036